公共经济与公共政策 齐鲁文库

贾海彦 著

公共品 | 供给中的政府经济行为分析

——一个理论分析框架及在中国的应用

On the Economic Behavior of
Government in the Public Goods Provision

经济科学出版社
Economic Science Press

责任编辑：吕　萍　段小青
责任校对：王苗苗
版式设计：代小卫
技术编辑：邱　天

图书在版编目（CIP）数据

公共品供给中的政府经济行为分析：一个理论分析框架及在中国的应用/贾海彦著 . —北京：经济科学出版社，2008.6

（公共经济与公共政策齐鲁文库）

ISBN 978 - 7 - 5058 - 7263 - 9

Ⅰ. 公…　Ⅱ. 贾…　Ⅲ. 国家行政机关 - 经济行为 - 研究 - 中国　Ⅳ. F123

中国版本图书馆 CIP 数据核字（2008）第 080706 号

公共品供给中的政府经济行为分析
——一个理论分析框架及在中国的应用

贾海彦　著

经济科学出版社出版、发行　新华书店经销
社址：北京市海淀区阜成路甲 28 号　邮编：100036
总编室电话：88191217　发行部电话：88191540
网址：www. esp. com. cn
电子邮件：esp@ esp. com. cn
北京天宇星印刷厂印刷
永胜装订厂装订
787×1092　16 开　14.25 印张　200000 字
2008 年 6 月第 1 版　2008 年 6 月第 1 次印刷
ISBN 978 - 7 - 5058 - 7263 - 9/F・6514　定价：21.00 元

总　序

2007 年金秋时节，经山东省委宣传部、山东省哲学社会科学研究规划领导小组批准，山东省公共经济与公共政策研究基地正式成立。该基地挂靠山东大学，依托山东大学多学科、综合性的研究优势，设立公共经济与政策、公共管理与公民自治、社会福利政策、公共卫生政策、生态环境政策、公共政策效应计量等六个研究中心。研究基地主要承担三项职能：第一，开展学术研究与咨询，针对学科前沿和重大理论与实践问题，组织高水平科研项目，产出创新性成果；第二，搭建交流平台，组织学术交流；第三，培养和造就高素质的学术带头人和中青年学术骨干，培养博士、硕士等高级专门人才，壮大社会科学研究队伍。

我们确立的基地建设目标是，通过 5～8 年的努力，力争把公共经济与公共政策研究基地建设成为省内首位、国内有重要地位、国际有一定影响的重点研究和咨询基地，活跃开放的学术交流基地，高水平的公共经济与政策高层次人才培养基地。为了实现上述目标，我们将主要采取如下建设措施：第一，凝练方向，培养和形成研究优势与特色；第二，整合力量，组织承接国家和地方重大研究项目；第三，潜心研究，形成《中国公共经济与公共政策研究报告》；第四，扶持新人，遴选出版"公共经济与公共政策齐鲁文库"；第五，营造氛围，办好双周公共经济与公共政策讨论班。

研究基地成立以来，紧密结合我国经济发展和社会进步的实际，以科学发展观为指导，我们凝聚一支结构合理、素质良好、勤奋敬业的研究队伍，在公共经济与公共政策的几个关键领域开展了比较深入系统的研究，迄今已初见成效，形成了系列研究报告和专著。经基地学术委员会委员投票表决、认真甄选，现已确定《新农村建设中的公共品供需均衡研究》入选《中国公共经济与公共政策研究报告》，《城乡基础教育均等化供给研究》、《公众节能行为的经济分析及政策引导研究》、《我国农村公共品的供给效率研究——基于制度比较和行为分析的视角》、《公共品供给中的政府经济行为分析——一个理论分析框架及在中国的应用》等四本专著入选"公共经济与公共政策齐鲁文库"第一批专著。

仰赖经济科学出版社和中国财政经济出版社的鼎力支持，承蒙经济科学出版社吕萍副总编和中国财政经济出版社赖伟文副总编、赵力女士的精心谋划，《中国公共经济与公共政策研究报告》（第一辑）和"公共经济与公共政策齐鲁文库"第一批专著即将面世。在此，衷心感谢他们的真诚关心和辛勤劳动！

期待读者们的积极回应和热心指教。

樊丽明

2008 年立夏于山东大学

摘　要

　　西方公共品理论的不断发展早已将人们的目光从传统的概念探讨引向了围绕公共品的供给、需求以及搭便车等问题的深入分析。这一学术上向纵深领域探索的转变也深刻地影响着我国公共品理论的发展。研究公共品的供给问题，势必要涉及政府行为领域，这格外触动了国内学者关注政府经济行为效率改革的敏感神经。因为与私人品市场中对政府经济行为研究的"过热"状况相比，对公共品供给中同一对象的研究还处于初步的探索阶段。因此，将公共品供给中政府的经济行为作为书的主题，剖析在公共品供给市场中，政府自身作为经济社会的参与者和裁判员，在公共品的供给决策、生产分配以及融资、规制等诸种经济行为中的具体运行机理，寻求和论证政府的哪些经济行为是有效率的，哪些经济行为又是无效率的；探讨在由计划经济向市场经济制度转轨的过程中，政府因其所扮演的角色不同，与其他经济主体在上述诸种经济行为中的各种合作、竞争、管制与被管制、监督与被监督等关系的变动，这些变动着的博弈关系格局又是如何影响着政府经济行为效率的发挥。在本书的实证部分，结合我国公共事业治理中的具体案例，运用上述理论分析框架，具体分析了在城市水务产业和社会保障事业中，政府的供给决策行为、与其他经济主体不同的契约合作方式下的供给行为、融资行为以及政府作为上述两类公共品供给主体的一元，对自身行为的自律和对其他经济主体的规制。通过理论的分析和实证的检验，提出了一整套适合公共品市场的政府经济行为规则，为我国在制度转轨期下实现公共品有效供给的改革进程中，全面提升政府行为能力提出了切实的政策建议。这也是本书的主要价值和研究目的。

不同的公共品特点决定了不同的公共品市场结构，不同的市场结构下政府与其他经济主体的契约合作方式也有所不同。在从政府经济行为角度对公共品的市场属性进行分析的基础之上，归纳得出了具有不同市场属性的公共品种类，构成了三种公共品市场类型：垄断市场、竞争市场和处于二者之间的"混合"市场。政府作为公共品供给主体之一，在这三类市场中，有不同的角色定位和经济行为的活动边界。要实现公共品供给中政府与私人厂商的多元化合作，以切实地提高公共品供给效率，必须要根据不同的公共品市场结构合理规划政府与其他经济主体的契约合作方式，对经营公共品组织的产权、经营权等进行正确的划分和配置，合理分担经营过程中的财务风险，弥补市场失灵和政府失灵两种缺陷，明确划分各自的责任、权利边界，为公共品多元供给机制的市场化运作提供切实的制度保障。

政府与私人经济主体不同的契约合作方式，决定了公共品供给决策权可以部分地让渡给市场。对于转轨国家的政府而言，改善公共品供给决策的路径选择是构建制度环境，建立市场导向的决策机制，以克服政府因内生性的制度缺陷而导致决策行为效率低下的状况。不同的公共品适用的分配原则是不同的，政府需要在分配的公平和效率之间进行准确的权衡。由于公共品的社会属性对分配中的公平要求更高，公共品筹资的特点决定了"等量贡献获取等量报酬"的效率原则在实践中的困难，这都要求政府必须参与公共品的分配，利用政治权力的强制性优势实现上述两大原则。对不同的公共品，政府的分配方式和参与分配的程度是不同的。对由政府供给的纯公共品来说，全部由政府来分配，对准公共品则是部分由政府来分配的。这要求政府优化分配手段适度参与其分配过程。

政府融资行为是对公共品供给的筹资过程，也是政府供给公共品决策过程的一个重要组成部分。在不同的融资制度及融资结构下，政府对资源配置的控制能力是不同的，而融资方式又会扭曲资源的有效配置，这些都会影响到政府的供给规则及相应的水平和效率。因此，将研究的重点放在了不同的融资制度：政府作为唯一的融资主体下的单一融资制度和政府与私人共同参与的多元化融资制度。剖析各自的运行机理以及二者之间的制度演变，以及在上述两种融资制度下各种融资方式的经济效应。

理论界对政府规制行为的研究主要集中在私人品市场，对公共品市场的政府规制研究主要集中在电信、电力、航空、铁路等具有自然垄断性的公用事业，很少有专门针对公共品市场中政府规制的研究。随着公共品市场概念被人们逐渐接受和现实世界中公共品市场开始成熟有序地运行，这一问题的重要性日益突出。在一个成熟的市场经济态势下，政府更多地是以管理者的身份出现的，在公共品供给领域也不例外。这是从监督管理角度提高公共品供给效率的必要举措。但是，公共品的特殊性使得政府必须要介入具体的供给环节，因此对该领域的规制总是避免不了政府对自身行为的自我规制。特别是处于制度转轨期的政府，对政府规制能力的提升同时也是政府运行效率的改进。在公共品供给领域，政府的规制行为不仅要让外部效用内部化，作为一种信息中介，还要填补公众与产业之间的信息真空。因此，政府要与众多的外部者发生关系，达成规制中的契约，包括规制机构、被规制者以及大众的多重委托—代理关系和契约关系，因而政府自身角色的变化会导致全局的变动，从而影响到规制行为，这又是与制度环境的演变密切相关的。

通过对政府在公共品供给中一系列经济行为的理论探讨，适合于公共品市场的政府经济行为规则框架逐渐浮出水面。我们明确了政府在公共品市场中的决策、生产、分配、融资、规制行为，如何运行是有效率的，那些对公共品供给形成额外的经济成本和社会成本以致降低了供给效率的行为需要构建合理的制度环境来规范和约束。理论必须要经过实践的考验。我国当前正处于制度转轨时期，公共品供给领域新旧制度的交替使政府在公共事业治理过程中普遍存在缺位、越位和错位现象。随着改革的深入，政府在公共品市场中经济行为的低效率却没有得到明显地改善。为了进一步寻求问题的答案，并将理论分析得出的结论进行实证检验，选取了我国城市水务产业和社会保障事业两个具体案例，将理论分析引入实证，探寻政府在公用事业中的治理之道。

个案的结论要具有普适性，需要上升到一般层面。在本书的政策建议部分，将理论和实证的结论放在我国特殊的经济和政治制度环境下，有针对性地提出了有助于提高公共品供给效率的政府具体行为规则。(1) 针对我国传统公共决策体制中主观随意性较大的弱点，需要建立科学的公共决策体制，根据公共品产权契约特点，进行决策权的优化配置，利用市场机制来提高决策能力。(2) 在我国"国退民进"的改革大潮中，在公共品供给领域要多元化政府与私人供给者的契约合作方式，明晰合作契约中的产权、经营权，科学界定各自的责权利，优化资源配置。(3) 在公共品分配中，要格外关注转轨时期消费者群体的动态变化，将新出现的弱势群体及时纳入公共品分配范畴。(4) 改革开放以来，我国政府对公共品融资体制的改革取得了重大进展，初步打破了依靠政府财政的单一融资模式，在融资过程中引入了竞争机制，吸引多元投资主体，并出现了多种融资方式的创新。但是，由于多元化融资的制度环境还未充分建立，多元融资主体的分工协作机制也未有效形成，这在一定程度上阻碍了政府融资行为进一步的制度创新。因此，明确政府多元化融资行为的创新原则和建设良好的制度环境，是改善公共品融资行为的首要任务。(5) 由于公共品市场的特性，要完善政府的规制行为，全面提升政府的规制能力，意味着不仅要运用科学的手段对政府的规制程序、规制手段等进行改造，还要针对转轨期的制度特点，重塑政府自身在规制合约关系中的角色定位，以求从根本上构建适合公共品市场的政府规制行为。

关键词 公共品 公共品市场 政府经济行为 政府角色 制度变迁

ABSTRACT

The continually-developing theory of public goods in Western has already led experts' eyes from the discussing on traditional conceptions to the analysis on these issues about supply-demand of public goods and free-rider, ect. This change has also been influencing our country. The study on supply of public goods is certain to relate to governments' behaviors. This especially attracts our scholars' attention to Chinese reform. Comparing to the "high" condition of the study on governments' economic behaviors in private goods market, this same issue in public goods market has still been in the beginning stage. So, the governments' economic behaviors in public goods provision becomes the theme of this thesis. This book analyzes that the government, as a participant and arbitrator in economic society, how to make decision, to provide public goods, to finance and to regulate in public goods market, and judges which behaviors are effective, which are ineffective. During the transition from plan economy to market economy, the government which acts as different roles has to deal with the relationships with other bodies in those behaviors, the efficiency of which is greatly effected by these relationships. In the empirical part, the theoretical framework are applied in the case of the urban water industry and social security in our country. On the basis of theoretical and empirical analysis, a series of governments' behaviors standards which is fit to the public goods market has been produced. It will be availed to the reform of public goods provision mechanism and to the improvement of the government's ability. It also is this thesis's chief value and study objective.

Different characteristics of public goods produce different public goods markets, in which the government should adopt different bonds with private bodies. According to the market characteristics of public goods, all kinds of public goods are born and produce three public goods markets: competitive market, monopolistic market, and mixed market. As one of public goods provision bodies, the government plays different roles and does different behaviors. To cooperate with private bodies in multiple ways and to improve the efficiency of public goods providing, the government should make equitable cooperation bonds, divide and collocate rightly property right, and partake accurately financing risk. Thus a stable institution can be set up to guarantee the diversified provision mechanism of public goods.

The different bonds of the cooperation between the government and private bodies let market own partial decision-making right. To the country during the transform of economic system, it is a good mean to set up institution condition and market-oriented decision-making mechanism to cope with those inside system flaws of the government. Different allocation principles cater to different public goods. Therefore, the government should balance equity and efficiency. Because the social characteristics of public goods require more equity, and "same contribution, same gain" is very difficult to fulfill, the government must utilize the mandatory political rights to fulfill those two principles. She also should optimize allocation means to participate the allocating course.

The financing behavior of the government is to finance public goods provision, and also a big part of decision-making mechanism. Under different financing system and construction, the government has different resource-controlling ability, and different financing ways will distort resource-allocating efficiency. Those will influence public goods provision. So that, the key point is to study the different two financing systems with only one financing body (government) or multiple financing bodies and the tradition from the former to the latter.

The academic study about regulation mostly focuses on private markets, seldom on public goods markets, such as telecommunication, aviation and railway with natural monopoly characteristics. With the conception of public goods market taken on by more and more people, this problem is more and more important. In a fledged market besides the public goods one, the government much more acts as a manager. But, because the government has to step in public goods provision, the regulation in this market must include government's self-regulation, especially to the government during the tradition of system. On the public goods market, the regulation not only turn exterior problem into interior, but as a kind of information intermediary also should fulfill the message vacuum between the public and the industry. Thus, the government should make regulation contract according to the relationships with many exterior bodies, including multi-principal-agent relationships among the regulator, the regulated and the public. So, the change of the role played by the government will influence regulation, which is elevated to the institution traditon.

By the theoretical analysis the standard of the government's economic behaviors has been born. We are aware of how the decision-making, provision, allocation, financing, and regulation to proceed effectively by the government in the public goods market. Those which bring on deadweight economic and social loss should be restricted by new institution environments. The theory must be put to the test by practice. Because our country is in the transform of system, the intertwine of new and old systems makes the government behave incorrectly in the governance of public utilities. With the acceleration of reform, the ineffective behaviors of the government in public goods markets have not been improved obviously. To look for the answer and verify the theory, the case of the urban water industry and social security are utilized.

The conclusion of that case should be utilized as a rule. So in the policies and advices part of this thesis, a series of behavior standards is brought out according to the special institution environment of our country. First, because of the more arbitrary-deciding habit, the scientific decision-making of public affairs mechanism must be set up, that is, according to the characteristics of the property right, to improve the distribution means of the market-oriented decision-making right. Second, during the transformation, the cooperating-bonds in public goods markets between the government and private bodies should be diversified, and the duty and right should be endowed correctly. Three, in public goods distribution, it need to pay more attention to the change of the consumer groups. The public goods distribution system should embody the new vulnerable groups in time. Forth, since the reform, great changes have taken placed in financing system for public goods. The single financing body system has been changed to the multiple financing bodies system. But the continually-innovating road may be hampered by the imperfect financing system. So, it is necessary to correctly set up innovation principles and satisfactory institution envirnoment. Last, to improve the government's regulating ability, it not only means to ameliorate the procedure and methods by scientific mechanism, but also to rebuild the role played by the government in cooperation bonds in accordance with the special system during the transform.

Key words *public goods* *public goods market* *the government economic behavior* *institutional change*

目 录

CONTENTS

第1章

导 论

1.1 研究背景和主题意义

随着公共财政改革的逐渐深化,学术界对公共品理论的关注从最初的概念之争转向了怎样实现公共品有效供给的探讨。虽然公共品的多元化供给机制已成为当前学术界和政府决策层公认的改革趋势,但是在公共品供给市场上,政府究竟要扮演怎样的角色,怎样改善自身的制度缺陷去高效地处理与其他经济主体之间的种种复杂关系,如何根据制度转轨期政府的独有特点和公共品市场的普遍特性,从公共品供给的政府决策、公共品多元化供给中政府与其他经济主体间的契约合作、政府面向消费者的公共品分配以及政府作为第三方提供公共品生产的融资、规制等服务的全方位各环节,来设计一套行之有效的政府经济行为规则,以切实提高公共品的供给效率,无论从理论界现有的研究进展还是从现实改革实践来看,仍然是一个相当棘手的问题。原因有以下两点:一是虽然学术界对公共财政进行了详尽的论证,但是大量文献的研究仅限于对政府与市场关系的思考,如政府的职能界定、政府的行动范围以及政府单位间关系的分析等等。"政府应退出竞争性领域、转入非竞争性领域"

是其基本结论。宽泛且表面化的政府职能定位论及计划经济时期的思维传统，使得人们往往认为在政府主导型的改革模式下，大众的偏好是严格地服从于政府偏好的，少有人去认真想过政府行为与外界环境之间究竟有怎样的互动关系，也很少有人从具体操作层面为政府量身定做切实可行的行为准则，基本停留在宏观层面上。随着对公共品供给机制探讨的深入，这一缺陷逐步有所克服。结合我国公用事业中的具体案例，学术界对政府各种经济行为进行了较为细致而又实用的分析。但是由于研究正处于起步阶段，对政府经济行为的分类比较粗糙，缺乏系统性的综合，彼此之间的逻辑关系也有待进一步理顺，对政府组织的运行机理仍缺乏深入的研究，这导致了在概念和结论等方面一定程度上的混乱。束缚了学术界对政府经济行为进行切实有效地规则设计。这是另一个原因。

我国当前正处于制度转轨时期，在公共品供给领域所出现的一系列问题尤其会牵动社会各层面的关注。"非典"期间，我国公共医疗制度的匮乏让人们震惊，人们看到的是在政府包揽了一切促进经济增长工作背后公共事业领域长期的被动甚至不作为。政府在公共事业治理过程中普遍存在的缺位、越位和错位现象，引发了人们对政府经济行为的重新思考：随着改革的深入，政府在私人品市场的经济行为的效率是处于不断提高和完善中的，为什么在公共品市场中的经济行为却显得如此低效？是现有的政府组织制度不适应公共品市场的独特特性还是另有原因？政府在公共品市场中的决策、生产、分配、融资、规制等行为与私人品市场相比到底有何不同？究竟是哪些行为对公共品供给形成额外的经济成本和社会成本以致降低了供给效率，削减了大众的福利？哪些经济行为是需要激励，而哪些又是需要规制的？由谁来规制？规制的原则和程序由谁来监督，绩效又如何考量？政府在私人品市场有一套完整而又娴熟的管制行为规则，这套规则是否能够引入公共品市场？若不适合，又需要哪些方面的改进和完善？政府在公共品市场中究竟能否生成一套特色的经济行为规则？其具体的运行机理又是怎样的？这些问题诱使着我们将对政府经济行为的深入思考。

　　政府作为公共品市场的参与者和裁判员，远比其他经济行为主体要面临更加纷繁复杂的制度环境：首先，是公共品自身的特性从根源上规范着政府经济行为的范围和边界；其次，在需求环节要受到消费者偏好机制表达的约束；供给环节又要受到委托方预算资金的束缚；第三，政府外围的政治秩序和经济秩序也深刻地制约和影响着其行为效率的发挥。公共品供给机制多元化的变革取向要求我们在分析政府经济行为时必须联系与其他经济主体的关系，阐述与其他主体在公用事业的合作契约安排中、投融资体制创新中以及规制行为的设计中各自不同的运行机理。这三方面是互相扶持、密不可分的。这也决定了本书的研究框架：依托公共品理论，从公共品市场的需求、供给以及制度环境出发，对政府与其他经济主体在供给行为、融资行为和规制行为中的具体运行机理进行分析，以求找寻政府经济行为在公共品供给领域低效率的真正原因；并结合我国城市水务市场的具体案例，予以详细地论证和说明；为提高政府公共品供给中的经济行为效率，提供一套切实可行的行为规制，以完善政府与其他行为主体的合作关系，理顺政府在公共品市场中的运行机理，全面提升政府的行为能力。

1.2　本书的研究范式

　　本书主要内容是分析在公共品供给中政府的诸种经济行为，以探询具体的运行机理，寻找政府行为低效率的原因，并由此构建了一个有关政府经济行为的一般分析框架。但这一分析框架并不是建立在对政府经济行为粗略地分类、无序的罗列和肤浅的宏观层面分析之上的，而是从政府这一特殊"经济人"主体出发，通过其与外部环境之间关系的互动构建一个"供给型"的理论分析模型（或者称作分析框架），将政府的诸种经济行为根据其内部的运行机理搭建在这一分析框架之上。如图 1-1 所示，政府机构就像蛛网中的那个盘踞者，通过丝丝扣扣与外界发生着各种关系。政府自身作

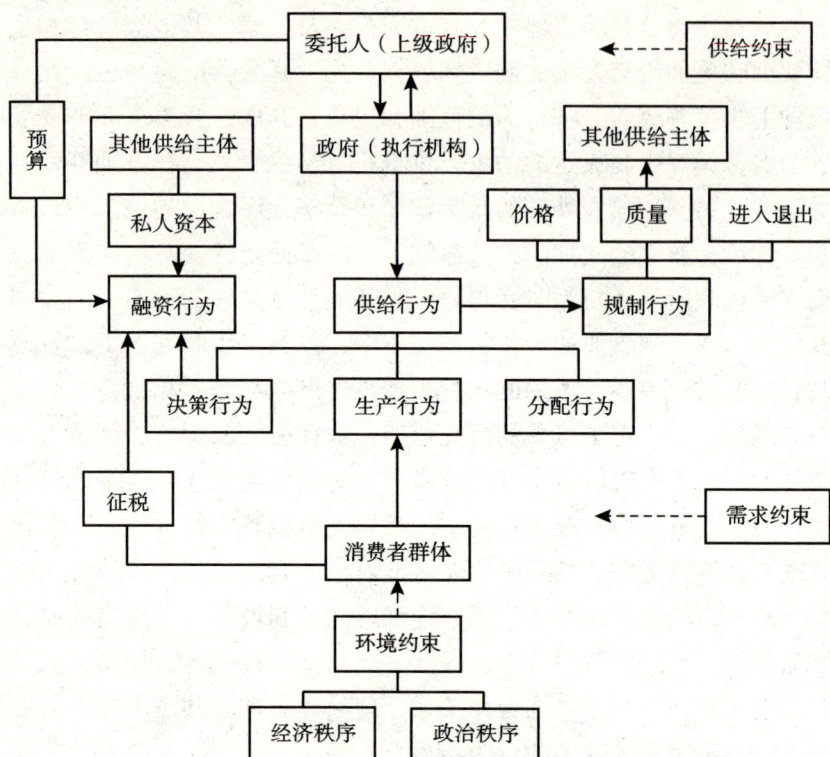

图 1-1 公共品供给中政府经济行为的一般分析模型

为经济社会的参与者和裁判员，在公共品的供给中频繁地与其他行为主体发生联系。在一个公共品的供给市场中，不同的经济和政治制度环境决定了政府自身角色发生着动态变化，可能是唯一的垄断性供给主体，抑或可能与其他供给主体形成竞争性或合作性关系，这首先从公共品市场结构的角度规范了政府经济行为的活动边界、决定了运行效率。根据公共品在市场中的物理运行过程，可将政府的供给行为具体划分为决策行为、生产行为和分配行为。从资本要素供给市场的角度来看，来自委托方（上级政府）的预算拨款、私人资本以及消费者群体的缴税共同构成了公共品供给的资金来源，这些要素的来源渠道、生成机制、制度结构共同约束着政府在公共品供给中的融资行为，而融资行为又是政府决策行为的细分。政府在公共品市场中自身角色的变化使之与其他供给主体处于一个动态的博弈关系格局中，并具体体现在政府对公共品价格、质量以及其他主体在公共品市场的进入和退出的规制行为中：一方面政府通过规制行为规范着公共品市场的有序运行，一方面也是对政府自身供给行为的自律。因此规制行为贯穿于政府在公共品市场的决策、生产、分配等各个环节。

如果要将政府经济行为的分析更加引向深入，寻找政府运行低效率的制度根源，并使提出的新的行为规则建议更加适合转轨期的制度环境，具有更强的现实可操作性，离不开对政府组织所处的环境背景的分析。笔者将政府所处的制度环境分为经济秩序和政治秩序两个层面，将政府的经济行为放入计划经济体制下中央集权式的政府组织模式和向市场经济体制过渡中处于民主化进程改进中的政府组织模式下，不同制度环境下政府所扮演的角色不同，使得政府与其他经济主体的博弈关系格局也发生着深刻的变化，这些都影响着政府经济行为效率的发挥。

1.3　主要创新观点

本书主要具有以下五个创新点：

1. 对公共品特性和范畴做了重新界定。从公共品的市场属性和社会属性入手，对公共品的范畴进行了新的划分。这一新的理论分析工具既便于对公共品市场的运行机理进行分析，又糅合进了制度因素，非常适合将公共品供给中政府经济行为的分析进行拓展并引向深入。

2. 构造了三类公共品市场。根据公共品的特性，从产权、市场运行规则等要素考察了公共品市场存在的可能性，并构造了三类公共品市场：垄断或寡占型市场、"混合"型市场和竞争型市场。

3. 根据公共品市场的不同结构特点，构造了政府与私人不同的契约合作方式。将对公共品多元供给机制的研究引向了具体的操作层面，从产权结构、决策权和经营权配置、财务风险分担以及公共品分配多个角度，探讨了政府在与其他经济主体的合作和竞争关系中的行为优化问题。为我国国有公用事业企业的产权改革、政府和私人运营商的具体合作提供了理论依据和实践工具。

4. 从制度变迁角度，探讨了不同政治、经济体制下政府角色的转变导致与其他经济主体的博弈关系格局的变动，为政府融资行为和规制行为的改革进程探询规律性的前进路径。在对融资行为的分析中，探讨了融资体制由单一政府融资向多元化融资的过渡，比较了不同融资体制下融资方式的效率；在对规制行为的分析中，借鉴了产业经济学较为成熟的分析工具，从政府对公共品价格、质量以及公共品市场的进入和退出规制三个方面进行剖析，将对政府规制行为的研究拓展到整个公共品市场，[①] 并分析了政府组织内部以及政府与其他经济主体在规制过程中的种种博弈关系对规制效率和效果的影响。

5. 提出一整套适合公共品市场领域的政府经济行为规则。根据搭建的理论分析框架结合我国城市水务事业和社会保障事业的具体案例，用实证分析的方法说明了政府在公共品供给中，哪些经济行为是有效率的，哪些经济行为又是低效率或无效率的，对公共品供给形成了怎样的额外经济成本和社会成本。在政策建议部分，就如何提高政府的经济行为效率提出了具体建议，并设想了一整套适合公共品市场领域的政府经济行为规则。这对其他公用事业同样具有理论上的普适性和操作上的可借鉴意义。

---

① 李秀峰（2005）通过对我国政府规制研究现状的分析得出，将近有一半的学者（47.71%）选择了电信、电力、航空、铁路等具有自然垄断性的公用事业，将其作为政府规制对象的研究范围。而将整个公共品市场作为政府规制对象的研究近乎空白。

第 2 章

公共品供给理论的文献回顾与评述

关于公共品供给理论的研究，早期的经济学一直认为，需求一旦决定，政府机构会自动有效地形成供给以满足需求，所以供给方面不存在问题，可视为外生变量。因此早期政府经济行为理论是与公共品理论密切相连的。随着公共品理论探讨的深入，政府在公共品供给中逐渐扮演了重要角色，并一度成为唯一的和最优的公共品供给主体。但"政治失灵"的内生性制度缺陷的存在，使政府这一职能遭到越来越多人的质疑，政府在公共品供给中的低效率引发了经济学和政治学领域学者们的共同关注，从各自的学科角度进行了深入的研究，并在后期发生了某些融合。在国内，随着西方公共品供给理论的不断传播，以及我国政治和经济体制改革进程的不断深入，公共品供给中的政府经济行为也逐渐成为学术界研究的理论和实践课题。

2.1　西方公共品供给理论文献的回顾与评述

2.1.1　早期的公共品供给理论

英国学者霍布斯（1588～1679）在 1657 年完成的《利维坦》中提出了社会契约论，认为国家的本质"用一个定义来说，这就是一大群人相互订立信约，每个人都对他的行为授权，以便使它能按其认为有利于大家的和平与共同防卫的方式运用全体力量和手段的一个人格。"这是公共品理论的源头，一方面指出了国家是一种具有公共品性质的社会契约，一方面认为政府的职能就是为个人提供公共服务。休谟（1711～1776）在《人性论》中提出"公地悲剧"，强调只有政府参与才能消除公共品供给中的"搭便车"行为。斯密（1723～1790）认为政府的存在是克服市场失灵的必要方式之一，政府提供的公共品包括：对外保护本国社会的安全，对内保护人民的安全，建立和维护某些公共机关和公共工程。约翰·穆勒（1806～1873）进一步探讨了政府提供公共品的范围，包括政府必须提供保障人们生命和财产安全的法律体系和制度，这是保障自由放任制度正常运行的基本前提。德国19世纪国家社会主义思想主要代表阿道夫·瓦格纳提出了公共经济的概念，认为政府作为公共经济的主体，代表国家并为其提供安全，完成国家赋予的任务，特别是生产无形产品；还提出政府部门的活动原则。瑞典学派在对完善公共品非排他性和非竞争性的概念中做出了贡献。

早期公共品理论的形成是与政府职能范围的逐渐清晰同步进行的，市场失灵、公地悲剧等现象的出现使公共品基本概念初步明确的同时也赋予了政府提供公共品的使命。但古典经济学的基本框架决定了这时的政府责任以保障经济自由放任为前提，提供的公共品也主要局限于保障国家安全、维护财产权力等方面。没有纯粹的政府供给理论。

2.1.2 近代公共品供给理论的发展

直到20世纪30年代，英、美学界才开始广泛地接受公共品理论。萨缪尔森（Paul Samuelson）在1954年运用数学表达式给出了公共品的精确定义，并提出了公共品有效供给模型后人们才逐渐认识到人类需要的满足离不开公共品，公共品的特点决定了它的提供只能依靠公共部门。但是，这一观点又受到来自新自由主义思潮的质疑。因此近现代西方公共品供给理论是在政府与市场的关系探讨中得以发展的。在公共品的供给机制中政府究竟是"失灵"的还是有效的，市场自身是否存在有效的公共品供给方式成为争论的焦点。

2.1.2.1 政府干预论

以萨缪尔森为代表的政府干预者认为，因公共品的正外部性以及由此引起的"搭便车"行为的普遍存在，按私人边际成本等于私人边际收益的原则所确定的公共品价格和产量，不能弥补生产的全部成本，使得公共品的供给量往往低于有效率的水平。市场制度的这一缺陷，只能由政府来替代（萨缪尔森，1954）。比如国防是典型的公共品，具有效用的非排他性和利益的非占有性的特点，其受益范围涉及一个国家所有的人，并以特殊的方式提供给社会的各个成员，无法指望每一个社会成员积极主动去购买，如果依然按照市场等价交换的原则进行交易，就会导致供给失败。林达尔（Lindahl，1918）发展了一个均衡模型来寻求政府公共品供给的效率解。他将政府供给公共品看作是一个拍卖过程，政府作为一个公正无私的中介人，将提供公共品的成本以税收的方式分配给消费者，并通过不断地调整税额，直至消费者对公共财政支出的偏好相同为止。这个全体一致同意的均衡点，正是政府介入和调节下的公共品供给的帕累托效率解。当然，实现这个效率解的条件是非常严格的：（1）政府必须是一个仁慈的无所不能的政府；（2）消费者都愿意真实地显示自己对公共品的偏好；（3）所有人都能够精确计算在公共品消费中的收益和成本；（4）政府计划者能够设计出一种不存在效率损失的税制结构并向社会公众征收。条件的苛刻使得求得该效率解的可能性接近于零。虽然在现实中，政府并不能最有效率地供给公共品，但是萨缪尔森的这一理论已为众多学者所接受，奥普尔斯认为："由于存在着公地悲剧，环境问题无法通过合作解决……所以，具有较大强制性权力的政府合理性，是得到普遍认可的"。他的结论是，"即使我们避免了公地悲剧，它也只有在悲剧性地把利维坦作为唯一手段时才能作到"。哈丁也认为，解决"公地困境"问题，除了实行"私有企业制度"外，还需要"社会主义"的东西，"用霍布斯的话来说就是'利维坦'，表示臣服"。长期以来，用斯密的市场秩序概念来处理所有的私人产品，而用霍布斯的主权国家概念来处理所有的公共品，也是市场经济国家资源配置安排的普遍选择（奥斯特罗姆，2000）。[①]

2.1.2.2 "政府失灵"论

对于萨缪尔森等学者的理论及政策主张，各种新自由主义思潮一直持怀疑态度。在他们看来，新古典经济学的"看不见的手"的原理仍然是正确的，包括公共品在内的整个社会资源配置只能由市场来执行，任何市场以外的力量（如政府）都不能替代市场，只会起到破坏作用；即使市场本身具有难以克服的缺点，但克服和纠正市场缺点的唯一办法，仍然在于通过产权明晰等措施来予以完善，而绝不能依赖市场以外的力量，即政府干预来解决；恰恰相反，以往之所以会出现市场失灵，正是由于政府干预的结果，而不是市场自身的原因。同时，政府本身也有不可克服的致命缺点，他们提出了与"市场失灵"相对应的"政府失灵"理论。其代表人物斯蒂格利茨（1998）明确指出，国家对经济生活的任何干预肯定是一件坏事，而不是一件好事。戈登对科斯早期对灯塔的实证分析结果[②]感叹道：多年来，经济学家一直想象不出像灯塔这类公共品是如何作到排他使用的，事实证明，灯塔经营者比经济学家更富有想象力，他们能够自动地找到有效的制度安排。

西方学术界对公共品私人供给的研究集中于以下三个领域：（1）博弈论框架的拓展：在不存在优超均衡的情况下，公共品的供

---

① 吴俊培、卢洪友：《公共品的"公"、"私"供给效率制度安排——一个理论假说》，载《经济评论》，2004 年第 4 期，第 15～18 页。
② 1954 年科斯通过对萨缪尔森的经典公共品例子——灯塔的实证分析，就其观点提出了质疑，1974 年，科斯又对英国的灯塔生产和经营做了具体的统计分析。根据他的统计，1610～1675 年，作为不列颠灯塔管理局的 Trinity House，就不曾建造过任何灯塔，而同时期私人却建造了 10 座。在 1820 年，提供服务的 48 座灯塔中，属于 Trinity House 的只有 24 座，并且这 24 座中的 12 座，最初也是由私人建造并管理的。

给可能是一种纳什均衡。康恩斯和桑德勒（Cornes & Sandler，1986）研究发现，公共品的纳什均衡供给不会为零，但要小于帕累托最优供给，两者之间的差距随社区居民人数的增加而扩大，而供给不足的程度与效用函数的特征有关。（2）合作提供公共品的可能性：考虑到集体行动可能有的动态博弈的性质，人们能从重复决策中吸取教训。这样，反馈、学习和重复博弈将解开囚徒困境的枷锁（史蒂文斯，1999）；森（Sen，1974）试图从理论上说明利他主义道德观可以通过合作行为摆脱囚徒困境。威斯布罗德（Weisbrod，1986）则以英国 16 世纪私人自愿组织的慈善机构提供了广泛的公共品之实例说明利他主义由来已久。（3）将公共品和私人品相联系的激励机制：一种思路是使公共品具有私人品一般的排他性（Goldin，1977），另一种思路则是公共品和私人品的搭配提供（Coase，1974）。

除了完全由私人供给公共品外，还存在第三种非政府的自愿供给方式，即非政府解理论。如布坎南的"俱乐部理论"模型：在没有政府强制下，处于私利的一组公共品的消费者，能够通过自愿协商方式，达成一种联合供给的契约，来解决公共品的供给问题。只要满足一些严格假定条件，这种方式不仅能够实现各自私利的最大化，而且能够实现集体利益的最大化。另外奥斯特罗姆（1977）提出了多中心公共经济下的效率解；萨尔蒙等公民社会理论的一些学者，则提出了第三部门公共产品供给的效率模型及慈善经济学模型。

2.1.2.3　总结

随着近现代西方公共品供给理论的进一步成熟和完善，研究者的视角始终没有脱离对政府行为的关注。但是该时期对公共品供给中政府行为理论的探讨还处于比较原始的阶段，只限于对公共品供给的两种极端方式：政府垄断供给和市场自愿供给的研究。为实现公共品的有效供给，政府究竟应该全面参与公共品供给还是应该全身而退，成为保守主义和自由主义争论的焦点，二者之间的对峙集中体现为"福利国家"还是"自由放任"的选择，这一争论直至冷战结束之初。事实证明，"福利国家"危机重重，"自由放任"问题多多，政府在公共品供给的"市场失灵"和"政治失灵"兼在的情况下究竟应扮演怎样的角色？那种"既非自由放任又非福利国家"的"第三条道路"是否为公共品有效供给提供了更为现实的工具？这些都引导着各流派从自身的学科角度展开深入分析，其中公共选择学派成为最大的亮点。

2.1.3 公共选择学派的公共品供给理论

公共选择学派的理论主题就是公共品的供给，而"政府失灵"是该学派对政府行为研究的理论宗旨，这源于对官僚机构理性经济人的假设和政治市场化隐喻的逻辑起点。在此笔者从本书的研究主题出发，主要介绍布坎南和尼斯坎南的理论，因为前者从集体选择角度探讨了公共品的供给机制，后者从具体的政府行为角度研究了官僚机构的供给行为。

2.1.3.1 布坎南的公共品供给决策行为理论

布坎南以类似于市场选择的方式去研究公共选择问题，探讨如何才能使公共选择达到市场选择的效果。通过分析政府组织、私人自愿组织和个体的行为方式，从市场物物交换层面、人与人之间的关系层面以及宪法层面对政府与市场关系中的行为选择问题进行了分析。

1. 分析框架的介绍。布坎南认为，在一个既定的规则框架下，主要由物品的供给成本来决定供给主体。一种经济行为，它可能是政府组织行为、私人自愿组织行为或个体的行为，由 A 代表纯粹个体主义行动的成本，B 代表私人的但却是自愿地组织起来的行为成本，G 代表集体行为或政府行为的成本，关于其中的关系布坎南列出了六种成本关系：1. $A < = B < G$；2. $A < G < B$；3. $B < A < G$；4. $B < G < A$；5. $G < A < = B$；6. $G < B < A$。由谁提供物品取决于

三种提供该种物品方式的成本。从理论上说，前面两种情况是由市场提供的纯私人物品，中间两种情况是由私人通过自愿组合来进行物品的提供，最后两种情况则是由政府或集体提供的公共物品。提供物品的成本在很大程度上又取决于规则框架。规则的确立，即人们同意的条件，同样是由成本原则决定的，人们之所以要去参与一个交换同意的决策，是因为他的利益受到影响，即外部性的存在。为了减少这种外部性，个人必须参与决策，并承担决策成本，同时一项决策达成时形成的规则可能会给个人造成损失，形成外部成本，布坎南将这两种成本之和称作相互依赖成本。在一个涉及 N 人利益的决策中，如果让一个人作出最终决策，由于没有众人的讨价还价，自然决策成本比较小。随着要同意人数的增多，众人之间相互协调并且具有更多讨价还价的本钱，因此决策成本会呈现递增的趋势，进而是加速递增。就外部成本而言，如果只要一个人作出决策的话，带给众人的外部性可能最大，损失也就最大，如果采取一致同意，给任何人带来的外部成本会为零。可见，采取一种决策形式本身也是人们之间的一种自愿交换，因此，一个决策规则的获得就是如何减少决策成本，同时也必须考虑到外部成本问题，也即如何使相互依赖成本最小化的问题。

布坎南认为研究公共选择的主要目的就是如何确立人们之间的交换界线，即在市场的物物交换、人与人之间的同意交换和宪法规则的定立三个层次中交换规则的确定。制定规则的效率是十分重要的，因为效率与制定规则的规则、规则本身与规则下的交换行为是密不可分的。这三个层面是三个互动的过程，分开考虑将会导致对效率的错误理解。如果能够从这三个层次的交换行为入手来制定行为规则，那么我们不仅能够找到市场交换行为中的合理界线，在传统政治领域的行为中，我们也能找到如此的界线，将交换行为的界线限制在相互有利的界限之内，以便确立一个有利于全体的最高规则，这是整个问题的核心，也是解决市场失灵与政府失灵的有效办法。

2. 对布坎南思想的评述。"政府失灵"的理论宗旨使布坎南主张市场化改革导向，尽可能缩减公共部门的规模和范围，尽可能最大限度地发挥市场在社会资源配置中的基础性作用。因为"市场的缺陷并不是把问题转交给政府去处理的充分条件"，因此，公共选择理论的结论是，只要有可能，决策就应转交私营部门，政府干预永远只能是第二位的选择。虽然这一结论有极端的成分，但为我国公共品政府单一供给模式的市场化改革提供了理论借鉴。他所提出的公共品供给成本决定集体行动的方式为政府决策行为的运行范畴、运行规则提供了规范的程序标准。政府要考虑一项公共品的供给，首先面临的是决策问题，这就需要根据布坎南所阐述的选择理论进行成本和效率上的分析取舍，进而进行制度上的设计，杜绝政府公共项目不计成本的习惯性做法。但是，布坎南对公共品的界定主要局限于抽象层次上的公共物品，即法律、制度结构的提供，并且直接从个人出发，由于个人偏好表达的困难、支付方式的局限使交换规则的产生也面临种种困境。对宪政规则的过分憧憬和依赖也使得布坎南理论更加抽象。后来学者如奥尔森依托布坎南的理论，将视角转移到了具体的公共品的供给之上，加强了公共选择力量的可操作性。

2.1.3.2　威廉姆·尼斯坎南的官僚供给行为理论

笔者认为，要深入探究政府在公共品供给中的经济行为，必须要挖掘政府内部的具体运行机理，威廉姆·尼斯坎南（William Nis-kanen）的成果有重要借鉴意义。尼斯坎南在他的著作《官僚制与代议制政府》（*Bureaucracy & Representative Government*，1971）中，从效率出发系统地研究了官僚机构的供给行为对资源配置效率的影响，并比较了官僚组织与其他市场经济组织的相对效益。

1. 模型介绍。尼斯坎南认为官僚的目的不是公共效益，也不是最大效率，而是个人效用最大化，包括工资、特权、公众声望、权力、任免权、进行变革的宽松性、轻松的管理机构以及机构产出。并最终物化为预算最大化。官僚机构与向它提供资金购买产品的机构，如政府或者立法机构是一种双边垄断关系。在这种双边垄断关系中，双方的权力是不对等的，因为信息获取高成本使双方的信息不对称，官僚机构相对于国会占有优势。官僚机构在生产公共物品、提供公共服务的运行中，要受到需求与预算两种约束。需求约束主要来自作为选民代理人的国会，也可能来自上级行政机关。预算约束来自官僚机构内部，是一种成本约束。拥有垄断权力并将预算最大化的官僚与分散的赞助商之间的相互作用，导致了机构的过度供给：第一，生产产量相对社会最优需要过剩，故无论哪种均衡都缺乏配置效率；第二，在需求约束的均衡下，产出是以高于最低可能成本的成本供给出来的，缺乏配置效率；第三，官僚机构倾向于过量使用资本以提高预算的现值。

2. 对该模型的评述。尼斯坎南从公共品和服务的供给角度对政府经济行为作了深入分析，帮我们揭开了政府组织的面纱，了解了政府组织内部在公共品供给中的具体运行机理。但是该模型也存在很多缺陷。首先，尼斯坎南的模型将所有机构当成是严格的直线性官僚制模式，认为所有的机构都由一个高级官员来独断地运作，这就意味着机构的内部政治不能影响总体政策，机构之内也不存在集体行动问题。其次，在现实中，增加官僚效用的因素有很多（P. M. 杰克逊），而预算规模有时与这些因素会呈负相关关系。同时，有关"政府失灵"的公共选择学派传统在尼斯坎南模型中表现为产量过度，甚至是效率降低。这一自由放任结论受到 I. 麦克林的批评。P. 敦利威也指出，尼斯坎南的增加—削减—再增加的不断循环思想，以完全特别的方式印证了预算最大化模型，但为什么既定的（高层）官僚会遵循一种策略而不是另一种？任何原理都没有解释其中的缘由。尼斯坎南关于作为出资人的主管机构（立法机构）与作为供给者的官僚机构这一双边垄断中权力不对等的问题，也成为批评的焦点。塞尔夫（Self, 1993）对此提出了五个批评性观点：（1）一个官僚机构中的官员，他的工资并不与官僚机构的规模密切相关；（2）官僚机构并不一定是垄断性的；（3）政治控制者并不像尼斯坎南所声称的那样渴求信息；（4）在任何情况下，官僚机构中的官员都隶属于上级官僚，接受控制；（5）如果没有客观的方式来评估官僚机构的输出，就不可能说官僚机构的输出过度膨胀了。

2.1.4 现代公共品供给理论在公共经济学领域的拓展

随着财政学向公共经济学的不断拓展，公共经济学将政府经济行为的研究从宏观层面引向微观领域，发展了一系列的模型将传统的定性分析引向定量分析，为政府提高行为效率提供了具体的政策建议。对经济政策尤其是税收问题的关注，反映了西方学术界从最初强调政府收入的征集和分配扩展到关注政府经济干预的各个方面。在市场失灵的场合，政府干预可以控制无效率的状况，在没有发生市场失灵时，政府干预可以改进福利水平。

2.1.4.1 有关公共品供给理论的进展

萨缪尔森的纯公共品最优供给理论在这一时期得到拓展。根据公共品的非竞争性，消费者可以对是否消费该公共品进行选择，由此，公共品可能满足自由处置权条件，可以无代价地减少消费，否则，这种处置权是有代价的。米勒伦（Milleron，1972）深入讨论了自由处置权的建模，奥克兰（Oakland，1987）在此基础上发展了有代价处置权建模，得出结论：当所有消费者都必须以最大量消费或希望按最大量消费时，每个消费者的福利水平就取决于公共品的总供给。对于纯公共品供给效率的研究，通过对林达尔均衡模型修整得以拓展，如波尼西奥（Bonnisseau，1991）对非外凸生产集的扩充，得出结论：在要求不是很严格时，林达尔均衡是存在的。曼斯—柯莱尔（Mas-Colell，1980）、曼斯—柯莱尔和西尔文斯瑞（Silvestre，1989）、韦伯和惠斯梅斯（Weber & Wiesmeth，1991）研究了允许采用单调成本函数生产的影响，证明了成本分担均衡集与核心配置集是相同的，非线性成本分担提供了额外的灵活性，它足以提供线性林达尔均衡中所没有的等价性。以政府资助为基础的模型普遍存在一个缺点，就是可能加重政府财政负担，引起财政收支不平衡问题。Josef Falkinger（1996）对此提出了一种激励机制，通过奖励公共物品贡献值可以增加纳什均衡状态下的公共物品私人供给量。Mark Gradstein（1998）探讨了政府干预所需的条件，在供给公共品所花费的个人成本是私人信息，并且政府仅依靠成本分布来行事时，可以设计一个简单的税收政策：所有贡献者从不贡献者那里得到津贴，如此，只要公共品的社会最优量是独立于个人成本分布的，就能获得最优配置。

对公共品私人提供的研究，较为新的结论是外生公共品供给的增长，不会影响最大的总供给量，公共供给因而一对一地挤出了私人供给。在大多数场合下，禀赋或所得分布的变化会影响均衡，除非家庭具有完全相同的恩格尔仿射线。瓦尔（Warr，1983）得出更为强有力的结论，如果所有家庭都捐献，则公共品的总水平与禀赋分布无关，这一结论被伯格斯特朗、布鲁姆和瓦里安（Bergstrom，Blume & Varian，1986）加以推广，将非捐献者情形都包含在内。通过对自愿捐献主体和原因的分析进一步拓展了公共品的私人供给问题。安德烈奥尼（Andreoni，1998）认为，当公共品的提供唯一地由个人捐献总数决定时，在人数众多的情况下，仅仅具备特定品位（在异质社区）的最富有的人才会捐献。

2.1.4.2 对公共品融资的研究

公共品有效供给规则使政府可以不加限制地使用税收工具进行融资，因为最优一次总付税是不可获取的政策工具，所以供给规则及相应的供给水平就必须考虑融资方法，尤其是因公共品供给而增加的福利会因融资方法引起的扭曲所抵消。威尔森（Wilson，1991）证实了非扭曲的一次总付税提供了一种把资源从扭曲部门转向公共品供给的手段，在私人部门被扭曲的程度足够大时，移向公共部门的资源量可能比在最优状态时要多，导致公共品的次优供给要高于最优状态下的供给。Gilles Duranton 和 Stéphance Déo（1999）在比较了使用者收费和资本税为公共基础设施融资的不同之后，分析了土地市场如何以及在多大程度上能为生产性地方公共品筹资。Christian Schultz 和 Tomas Sjöström（2001）分析了地方公共品供给、债务以及迁移之间的关系。而阿凯（Akai）和 Toshihiro Ihori（2002）则认为地方政府供给的地方公共品往往对其他地区具有一定的外溢性，这部分地方公共品由于得不到补偿而往往供给不足，中央政府应考虑对地方政府进行转移支付。

2.2 国内有关公共品供给理论的文献回顾与评述

国内有关公共品供给理论的研究文献根据发展脉络可分为以下两个阶段：一是基于传统公共品理论构建公共财政体制框架时期，一是融合了公共选择学派、制度经济学派的研究成果分析政府在公共品市场中的治道问题时期。从中可以明显感受到国内理论界在该领域的研究正向着系统性、逻辑性发展，其深度和广度都得以迅速拓展，并有了实质性的突破。下面将依据这一线索做逐一分析。

2.2.1 西方传统公共品理论对构建公共财政体制的启示

西方传统公共品理论在我国学术界的广泛传播使关于政府经济行为的研究视角和理念都发生了深远的变化。从关注国家、集体和个人之间的剩余产品分配的传统财政学研究模式彻底转向了依托于西方原生性公共品理论的政府职能、行动范围的公共财政学的探讨，关注政府与市场之间的关系。这一研究方向的转换以张馨和高培勇（2000）为代表提出的确立公共财政体制框架为标志达到了顶峰。

在该时期，国内理论界还没有广泛接受公共品也存在市场这一理念（王万山，2002），因此对公共品供给的研究也没有完全转向政府经济行为角度，只是或多或少的从公共品供给效率角度出发，认为政府的预算、征税等行为应该实现从计划行政手段向经济手段的转换（杨满杜，1995）；政府的资源配置、公平分配、宏观调控都要服从于公共品的有效供给（王序坤，1999），同时要规范政府的收入和支出（江秀平，2000）。上述研究尚停留在宏观层面，政府被作为一个"黑箱"来对待，基本是政府职能定位论，对政府经济行为的划分显得比较粗糙，对其效率的研究则以定性研究为主，定量研究比较少见。有关公共品理论中的消费者偏好显露、公共品市场化供给等没有真正地融入到对政府经济行为的分析中去，这与我国当时正处于由经济体制向政治体制改革初步转型的进程有关。但是，学术界对公共财政理论的激烈争论和深入探讨为将问题引向微观层面提供了比较坚实的理论基础，越来越多的学者将目光转向了对政府机构在公共品供给效率中的思考。

2.2.2 对转轨中国公共品供给机制探讨的深入

在这一时段，公共品理论的概念已深入人心，公共品市场的存在也得到众多学者的公认，财政学向公共经济学的拓展成为国内学术界的一大趋势。由理论转向实践，围绕政府与市场的关系，深入探讨公共品的多种供给机制，从而明确政府在公共品供给机制中的职责范围及行为效率，成为该时段理论研究的主要焦点。

樊丽明（2003）通过对世界各国公共品供给实践的研究得出公共品供给有三种实现机制：政府供给、市场供给及自愿供给。向玉琼和王显成（2003）从公共品产权角度证明了上述三种供给方式存在的合理性。吴俊培、卢洪友（2004）认为，在居民消费的"一揽子"公共品中，按受益范围大小与排他成本高低建立"公"、"私"混合供给制度是解决公共品供给效率的现实、理性选择。刘志铭（2004）从博弈论的角度分析了政府与私人合作提供公共品的可能性。在对公共品供给机制的研究中，学术界格外关注公共品的私人供给机制，这与我国的经济体制正处于向市场经济转型的特殊时期有关。结合现实世界中公共品供给机制的创新，很多学者具体考察了其中的运行机理。樊丽明分别考察了我国的民办教育、基础设施、公益彩票和社会捐赠三种公共品内在的供给机理。余润申和朱红（2004）对城市公用事业中公有私营的特许经营权模式进行了考察。在这方面的例子很多，不再一一列举。对公共品多元化供给机制的探讨使政府在公共品市场中的角色、职能、运行机理以及与其他经济主体之间的关系等问题逐渐浮出水面，政府不再是一个神秘的潘多拉魔盒，也不再是孤立的岛屿。作为公共品供给主体的一元，需要对政府进行全方位的审视，以改善国内经济学界长期以来对该领域研究的忽略。因此，该阶段的研究起到了承上启下的作用，为进一步对政府在公共品供给中经济行为研究的细化打下了基础。

2.2.3　对政府在公共品供给中经济行为研究的细化

对公共品供给机制的深入探讨使得政府在公共品市场中的行为格外引起学术界的关注，尤其是在我们这样一个政府主导下的经济改革国家，公共品供给市场中种种不尽如人意的状况，政府都具有不可推卸的责任。因此，对政府经济行为进行细化并从各个分支深入探究以寻求改善政府公共事业治理之道，成为理论研究进一步发展的必然。

2.2.3.1　政府公共品供给行为效率的研究

理论界讨论最多的是对政府公共品供给效率的研究。李一花（2003）对政府公营公共品的 X 低效率进行了考察，认为由于公营企业缺乏外部竞争压力、承担多重目标、受到多重限制等原因，导致了供给中的 X 低效率，将竞争方式引入公共领域打破政府的垄断局面是提高供给效率的方式。王磊和张军（2004）从交易费用角度探讨了政府在公共品供给中由于信息不对称、机会主义行为和资产专用性等原因影响公共品有效供给效率的发挥。詹建芬（2005）认为当前政府财政压力的束缚是造成我国公共品供给短缺低效率的主要原因。纪玉山和王朔锋（2004）比较详细地区分了政府在公共品供给的决策、生产、分配过程中的作用，认为在多数情况下，由政府对公共品供给进行决策是有效率的；在公共品的生产上，应根据具体情况进行判断，对本身具有垄断性质的行业或政府监督存在困难的情况下，应由政府来组建企业进行生产；对共有资源的分配，政府要发挥作用，根据国民经济的发展需要进行调节。可见理论界普遍注意到了政府经营公共品供给的低效率，在供给过程中引入竞争机制，打破政府的垄断局面，是改革的必然趋势，但是对公共品市场中政府究竟与私人运营商采取怎样有效的合作方式，实现资本、经营、分配等多方面的融合，理论界还没有深入展开研究。

2.2.3.2　政府公共品融资行为的研究

理论界对公共品融资行为的关注主要与我国当前公用事业中的具体案例相结合进行阐述的。王燕鸣和方进（2005）考察了城市大型基础设施项目的融资问题，认为多元投资主体的介入是解决当前财政投入不能满足基础设施需求的必要举措。黄鹤群（2005）对中国铁路投融资制度进行了考察，认为在明晰产权的前提下拓宽多种筹资渠道是帮助铁路运输业摆脱"举债—投资—再举债—再投资"的恶性循环的有效途径。还有其他学者针对我国的环保事业、水利事业等进行考察。总体来说，对政府公共品融资行为的研究起步较晚，在理论认识和实践操作上尚处于宏观政策层面，但结合具体案例做研究的良好方法使该领域充满了活力。

2.2.3.3　政府对公共品市场规制行为的研究

对政府规制行为的理论研究，有王俊豪、余晖、陈富良、李郁芳等学者针对转轨时期政府做了一些有益的探索，但基本以西方规制基本理论和研究动态的介绍为主，对规制的分类也比较粗略，基本停留在宏观层面上。针对公共品市场的政府规制研究，主要考察的是以自然垄断行业为代表的城市公用事业。对公共品价格规制的研究比较多，如苏素（2004）对公用事业直接和间接管制定价的研究；李建平（2004）认为应该建立多元复合的价格决策主体，以及相应的配套制度，形成由价格管制部门、公用事业企业、消费者等共同参与决策、相互制约、相互协调、公开透明的公用事业价格管制模式。其次是对公共品市场的准入规制的研究。卢洪友（2002）认为中国公共品生产制度安排的主要缺陷是政府及公共部门的过度垄断，私人资本和国外资本进入公共品生产领域要面对种种制度壁垒和不公平竞争条件。还有一部分集中在我国审批制度的改革研究中。单纯以公共品市场为规制对象的研究并不多见，仅见于国安（2005）的博士论文，对公共品供给中政府规制作了比较详细的论述。

总体来说，国内对公共品供给理论的研究，从构建公共财政体制框架的探讨逐渐向政府在公共品供给中的具体经济行为这样一个具体操作层面转化，这与我国处于转轨时期，政府作为改革的首当其冲者，在公共品领域备受各界关注的现实有关。但是，该类研究大多笼统地集中在提高公共品供给效率中政府应起的作用上，多是现状—问题—对策的研究模式，宏观层面的定性分析较多，缺少对政府具体的决策行为、生产行为、融资行为以及规制行为研究的深化，而且也没有一个系统的理论综合，使得种种行为之间缺少必要的黏合度，其中的逻辑关系尚待理顺，从而使政府在改革进程中对自身行为的改进和完善缺少系统的理论指导。

第 3 章

公共品供给中政府经济行为的
约束性要素分析

公共品的多元化供给机制已成为共识，政府作为供给主体的一元，既是参与者又是裁判员，在公共品的供给中频繁地与其他行为主体发生联系。要对政府经济行为进行全面分析，必须要进入其活动场所——公共品市场中，公共品的市场结构和市场的供给、需求因素共同规范着政府经济行为的活动边界，决定了运行效率。同时，不同的经济和政治制度环境决定了政府自身角色发生着动态变化，可能是市场上唯一的垄断性供给主体，抑或可能与其他供给主体形成竞争性或合作性关系，这些与其他经济主体的博弈关系格局也深刻地影响着政府经济行为效率的发挥。

3.1 公共品市场要素

由于公共品市场是否存在，在学术界尚存在争议。因此，要实现公共品市场的成功构建，首先要对公共品概念重新思考，从政府经济行为角度挖掘公共品的市场属性和社会属性，为公共品市场的存在提供必要的理论支持。

3.1.1 对私人物品和公共物品概念的重新思考

3.1.1.1 传统公共品特性概念

公共品、私人品传统概念的划分明确了公共财政边界的理论问题，从具体操作层面给出了解释。传统概念对公共品的分类往往从消费者需求、供给者主体两个角度进行划分。（1）按特征划分。纯公共品是指面向全体社会成员提供且在消费上非竞争和非排他的产品，通常由政府提供；俱乐部产品（不纯粹的公共品）是指可以排他但一定限度内非竞争的产品，通常由政府或私人提供；可收费公共资源产品（不纯粹的公共品）是指非排他但竞争的产品，由政府提供并管制或调节。（2）按消费属性划分。满足人们物质消费需求的公共品大都具有明显的外在物质表现形式，人们消费的是物品自身的物质性使用价值。如基础设施、邮政通讯、路灯、公园等。满足人们精神消费需求的公共品一般不具有外在的物质形态，消费与物品的生产过程合一。如行政管理、教育、公安、国防、科研等。（3）按与社会经济的联系划分。属生产资料的公共品能够使社会经济活动以较低的成本正常运转。其余的是属消费资料的公共品。一项公共品根据不同消费者和付费来源可以同时是消费资料公共品和生产资料公共品。（4）按受益范围划分。地方性公共品指消费受区域限制，主要由当地居民受益，超过一定范围会大大减少效用的产品。如城市建设维护、地方政府劳务。全国性公共品指全国公民共同受益的公共品。如国防、外交、环境治理。地区性公共品指跨国界但由一定区域内的国家公民共同受益的公共品。如欧盟规则。国际性公共品指各国居民共同受益的公共品。如维和行动、联合国规章、WTO 规则。

3.1.1.2 对"公"、"私"的深度思考

传统的公共品划分理论能够带给我们的关于政府经济行为的启发有以下几点：政府职能范围的界定；政府对公共品的融资行为；政府对公共品私人供给行为的规制等。但是从多个角度划分的方式，造成了不同层面公共品种类的交叉，容易引起人们视觉上的混

乱。这使得政府在对某些公共品提供的决策过程中无所适从，从而难以对供给行为进行规范，种种异化现象也随之产生。同时，传统公共品的划分方式是建立在西方代议制体制下，适用于比较成熟的政治秩序和经济秩序下的官僚机构。这些划分方式虽然有助于政府选择生产和提供什么种类的公共品，但并不能从本质上帮助我们理解政府在公共品供给中不同于其他经济组织的某些特殊行为。如：为什么政府会过量提供一些公共品（如政绩工程），而对另一些公共品供给过少甚至不作为？为什么政府会提供部分完全可以由市场提供的私人品？为什么同样的公共品在不同的政治时期、不同体制下的供给状况完全不同（如我国计划时期和改革开放后农村医疗体制）？这就需要我们从政府经济行为角度对公、私物品重新分类。

3.1.2 从政府经济行为角度对公共品类别的重新划分

3.1.2.1 从公共品的市场属性①角度的划分方式

1. 新的分类标准。

（1）资产专用性。威廉姆森（1985）认为，在产品没有专用性投资并且交易次数不多时，交易双方维持长期关系的意义不大，双方的具体身份也不重要，所以市场治理是相对有效的方式。但在

---

① 钟杏云认为，对传统公共品社会属性的划分带有强烈的主观性，因为不管从公共品的供给还是消费来说都可以由人来决定，是主观的，这导致了对公、私物品定义上的混乱。公共品的自然属性就是不受社会因素影响而形成的自然非排他性和自然非竞争性，具有这类属性的公共品成为客观公共品。但是这些自然非排他性和自然非竞争性是会受到社会因素（或人为因素）的影响成为人为排他性和人为竞争性的（例如收取门票可以使公园服务由非排他性转化为排他），发生了变化的公共品就成为主观公共品。这一划分方式有助于改变以往公共品种类范畴上的混乱，但是还存在一个弱点，即公共品的种类会因社会因素的频繁变动而发生变动，从而削弱在现实中的可操作性。笔者认为，既然我们承认公共品市场的存在，那完全可以将分析私人品市场属性的工具引入，因为在市场这样一个具有相通属性的机制中，分析工具并不具有强烈的"公"、"私"之别。因此，笔者将运用新制度经济学代表人物威廉姆森（O. E. Williamson, 1985）的交易成本经济学的分析工具，来对公共品市场中产品进行划分。公共品与私人品的主要不同之处在于公共品有较大的外部性，将公共品的外部性从市场交易的角度进行细分，将有助于我们从公共品市场的角度展开对政府经济行为的纵深分析。

有高度专用性资产而且需要多次交易时，情况则不同。资产专用性程度越高，交易失败导致专用资产拥有者的损失越大，他对机会主义行为造成的伤害的承受力越脆弱。在这样的条件下，关系的持久性是有价值的，它对于防止机会主义行为造成的伤害非常重要。因此在具有高度专用性投资且交易需要经常进行的条件下，关系性缔约较之市场治理更有相对优势。

根据威廉姆森的理论，我们发现由于大多数公共品都是满足大众的特殊需要，这些特殊需要是私人品不能满足的，因此私人厂商不会对生产公共品的生产要素、技术等感兴趣。同时，在传统经济下，政府一般都会控制大量的社会公共资源，限制了公共资源的流动方向、规模和速度，这些都导致了公共品的资产专用程度普遍很高，比如国防、义务教育等。政府在将这类公共品与消费者交易时，要承担巨大的交易可能失败的风险。因此，当政府所要供给的公共品资产专用性较高时，就会倾向于采取一体化供给方式，比如通过政府掌控的国有企业来供给，或者完全由政府操作。当然随着公共品资产专用性程度的降低，与其他经济主体合作的多元化的供给方式也成为可能。

（2）不确定性。交易的不确定性是威廉姆森所强调的另一个市场行为的决定因素。由于交易双方的协议不可能是完全的，在交易过程中就可能因为一方的机会主义行为出现一些预料不到的情况，这就是交易的不确定性。产品的不确定性高，风险大，机会行为增多，双方的交易关系更加复杂化，由此带来的交易费用增大，进而提高了对契约关系的调整性能的要求，并因此对经济组织与交易的匹配关系产生影响。

相对于一般性的私人产品，公共品的交易存在更多的不确定性。首先是公共品自身在供给和消费上的更多包容性，使其所面对的消费者群体在数量上和类别上都处于不断变动之中。如果要降低这种不确定性，必须由政府出面配合其他的制度或政策措施来稳固消费者群体，这就加大了供给成本。此外，公共品所内含的社会属性使其供给效率与政府存在的稳定性密切相连，使得交易风险又加入了政治因素。这也是为什么大多数公共品要由政府来供给的另一个原因。因此，对不确定性高的公共品，政府一般会采取一体化供给方式，以避免过多的交易成本，但是，政府可能要为此付出设置其他配套制度的运行成本和服务成本。

（3）信息可传递性。资产专用性和不确定是威廉姆森交易成本经济学的核心要素。但不能解释问题的全部。由此而派生出来的其他要素也影响着公共品市场，信息的可传递性就是一个派生要素。公共品的信息不对称表现在两个方面：一是消费者偏好的显示；一是生产者的生产成本和生产技术。我们发现，随着公共品非排他性和非竞争性程度的依次降低，消费者对其偏好显示的难度是逐渐减弱的。公共品的受益范围往往随排他能力的减弱而扩大，受益范围越大，受众群体越多，越难准确地征集到所有受众的偏好感受。比如国防、义务教育等纯公共品，政府可以利用税收的强制性将受众群体作为完全同质的消费者来对待，以克服私人品市场无法逾越的障碍。而像高等教育这样的准公共品，可以利用收费的方式使消费者主动而又准确地表达自己的偏好，市场运行机制也较易发挥作用，这就降低了私人供给主体的进入壁垒。对公共品生产技术、成本等信息获取的困难广泛地表现在政府与运营商之间关系的选择上。政府对一些运营信息相对封闭的公共品通常采取垄断的生产方式，如邮电、通讯等行业。而对运营信息透明度高的公共品政府通常会选择与运营商合作的治理方式。当然随着技术的不断进步，信息的传递成本也是在不断降低的，行业的进入壁垒也随之降低，政府垄断的格局逐渐打破，公共品市场的竞争程度随着私人运营主体的不断进入而得到有效提高。

（4）产权可配置性。关于公共品存在的产权拥挤问题已众所周知，在此笔者将其作为公共品市场属性的又一个重要因素。产权是否清晰是公共品可交易性的前提。公共品产权拥挤程度越严重，政府在对其剩余产权的配置上就越无从下手，免费搭乘造成"公地悲剧"，市场供给完全失灵。为了保证该类公共品的供给实现，政府对这种拥挤性的产权往往采取公有化的制度安排。公共产权的制度结构可以消除资源使用过程中因"搭便车"造成的过度消费，因此政府垄断的供给方式不得已成为最优选择。随着公共品产权拥挤空间的逐步释放，政府可以将产权进行划分，将其中的一部分产权在私人供给主体之间进行重新配置，政府与其他供给主体合作共同供给公共品也成为可能，随着产权拥挤的完全消失，政府还可以将公共品的生产经营权完全交由私人厂商，实现公共品的私人供给。

2. 公共品类别。

（1）高资产专用性公共品和低资产专用性公共品。高资产专用性公共品包括：生产和消费的排他性和竞争性都低的公共品，如国防。生产的排他性和竞争性高而消费的排他性和竞争性低的公共品，这些公共品一般都具有明显的外部性，如教育，城市基础设施。生产的排他性和竞争性低而消费的排他性和竞争性高的公共品，如公共池塘类产品。低资产专用性公共品包括：生产和消费的排他性和竞争性都高的公共品，如俱乐部产品等接近私人品的准公共品。当然，上述公共品的资产专用度是依次降低的，有明显的过渡性。

（2）信息难传递性公共品和信息易传递性公共品。信息难传递性公共品又包括两类：消费信息难传递性公共品和生产信息难传递性公共品。前者与消费的非排他程度高有关，如国防类纯公共品，后者与生产的竞争程度高有关，导致生产技术信息的垄断，如通讯、水供给行业。信息易传递性公共品也包括两类：消费信息易传递性公共品和生产信息易传递性公共品。前者与消费的非排他程度低相关，后者与其生产的竞争程度低有关，生产技术信息较易模仿传递。

（3）产权拥挤性公共品和宽松性公共品。这是由产权上的排他程度和竞争程度决定的。产权拥挤性公共品包括：产权非排他程度或非竞争程度高，难以进行清晰的划分，故而难以容纳多个供给主体进入，如具有强外部性的公共品，排污、环保等。产权宽松性公共品包括产权的非排他程度或非竞争程度低，可以对其产权构成进行有效划分，可以为多个供给主体共同享有，这大多是一些弱外部性的公共品。

（4）高度不确定性公共品和一般不确定性公共品。将该类公共品放在最后是因为不确定性来源于上述三种原因，当然也就包括了上述三类产品。高度不确定性公共品包括：高资产专用度公共品，生产信息难传递性公共品，以及产权拥挤性公共品。一般不确定性公共品包括：低资产专用度公共品，生产信息易传递性公共品，以及产权宽松性公共品。

3.1.2.2 从公共品的社会属性角度的划分方式

1. 新的分类标准。

（1）偏好、福利二分法[①]。从经验来看，政府与公众、执行部门与上级委托人之间，不同的公共品给他们带来的偏好和效用是不同的。克利夫·兰德曼（Cliff Landsman，1995）在他的博士论文中，在提到公共偏好的私益品这一概念时，仔细区分了偏好和福利这两个不同的概念。他认为公共品的配置能满足一个人的偏好并不一定能提高他的福利。如对贫困救济的捐助，能够满足捐赠人的偏好，但没有给他带来福利。当然这是狭义上的福利。兰德曼的公共品偏好、福利两分法是用来解释公民自愿供给公共品的利他主义动机的，与政府行为无关。但笔者认为，这种对公共品的划分从非竞争性、非排他性的特征转移到偏好与福利的研究思想，有助于我们理解公共品供给中的政府行为。随着上级机构对官员政绩评定标准的变化，能够改变官员偏好和福利的公共品范畴也会发生相应的改变。所以，这一划分方法的优点是具有动态性，并且能够较合理地对政府官员在公共品供给中经常发生的资源配置失衡现象做出部分解释。偏好、福利两分法是将政府或行政机构作为经济学意义上纯粹的经济人来对待的，追求福利的最大化是其最终目标，与偏好来源和价值评价无关（见图 3－1）。

---

① 贾海彦：《转轨中国公共品导出机制中的政府行为分析》，载《中央财经大学学报》，2005 年第 1 期，第 4～9 页。

假定一个社会中仅存在这样两种公共品：市政建设和医疗卫生事业。有三个异质群体：资金当局（委托人）、政府机构（代理人）、公众。每个群体内部是同质的。这三个群体对提供这两种公共品的偏好是无差异的。但由于不同群体的目标函数不同，不同的公共品配置给这三个群体带来的福利也不同。假定资金当局和公众的目标函数一致，资源在这两种公共品上的合理配置能给他们带来最大效用。政府机构官员的效用函数取决于以下尼斯坎南因素：薪金、职务津贴、公共声誉、权力、任免权、机构产出、容易改变事物、容易管理机构。我们这里假定是在一个民主程度较低的社会，政府官员只对上级负责。该函数主要取决于职位升迁的动力，掌握这一权力的主要是上级。

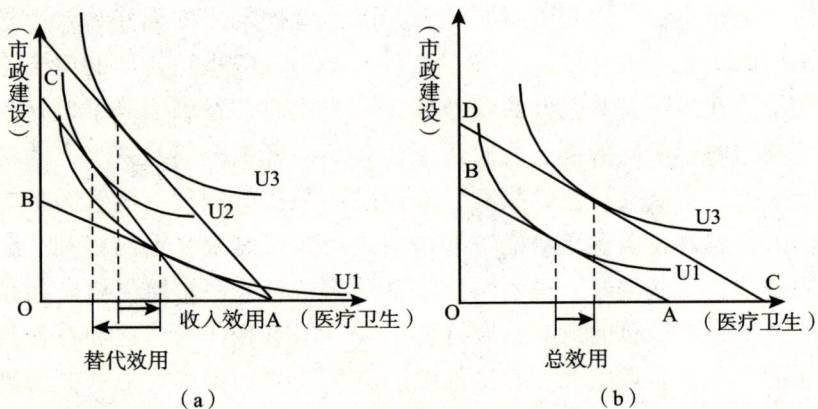

图3-1 政府供给行为对比

根据图3-1（a），AB是社会最初在这两种公共品上的资源配置。这时，公民的效用为U1。假定这时的资源配置是合理的。因为政府官员只对上级负责，不必对公众负责，只要资金使用不超过上级下达的预算指标，他就可以随意配置资源，因此将预算资金BC全部用于显性指标市政建设，而医疗卫生的资源不变，配置方式由AB改为AC，作为显著的政绩，可以提高他的福利，这时公众的效用提高到U3。但过多的公共品就像吉芬商品，它造成的替代效用是负的，不管收入效用有多大，都在无形中造成了效用损失。见图3-1（b），如果按照原先的合理比例配置图3-1（a）的资金BC，即以相同的比例提高两种公共品的产出，由AB移动到CD，公众的效用直接达到U3，没有发生任何效用的损失。

可见，上级政府对官员设定的特殊的激励制度导致了对不同的公共品偏好和提供该种公共品给不同群体带来的福利之间的不一致性，这导致了政府行为的异化。作为公共品和服务市场上的垄断者，他们不同于竞争市场中的垄断生产厂商，他们的生产行为并没有使其得到来自市场的收益，其收益是基本脱离市场、来自职场的薪金、职务津贴、公共声誉、权力、任免权等等。因此他们会将预算资金过多的用于能引起上级注意的显著性公共品，而不管资源配置是否合理。

（2）绩效衡量难易法。公共品的特性使得对其绩效的衡量普遍存在困难。按照一般思维，官员会去主动生产绩效相对易衡量的公共品，因为这类公共品生产能够更有利于自身福利的提高。当然，随着测量技术的提高，公共品范畴也会随之发生变化。

（3）制度条件。但是，现实经常与理论相悖。政府机构有时也会大量提供一些绩效难以衡量的公共品。如在我国计划经济时期，曾有一段时期政府对大量公共品大包大揽，政府办社会现象严重，几乎供给所有能够供给的公共品，而不去考虑公共品自身的特性。这与当时特定的制度背景密切相关，因此，以制度背景的不同来划分公共品也是方法之一。制度背景涉及政治秩序和经济秩序，前者从宪政层面决定着政府机构的内部特征，或者是韦伯式的直线性官僚机构，或者是温托布定义的竞争性官僚组织，前者会引发传统的单中心的政府治理模式，后者则更多地倡导多中心治理模式。经济秩序的不同直接关系到政府在公共品供给市场具体操作层面的种种行为。

（4）意识形态。传统概念中公共品的特性，如固定生产成本高昂、费用征集困难，并不能解释为什么仍有许多公共品和服务是在某些集体组织资助下由营利性企业供给的。在西方 19 世纪之前，甚至政府的基本活动如征税和组织军队，通常都是由营利组织承担。正如尼斯坎南在他的《官僚制与公共经济学》一书中提到的，由于难以确定某些公共品和服务的特性，使得集体组织直接组织这些公共品的供给，希望以对集体组织的忠诚的冲动代替利润动机。他举了一个早期官僚机构的例子，当时的人员主要是奴隶、杂工及贵族子弟，这些人或者是金钱欲望较低，或者其忠诚得到比较充分的保障；其现代的对应物即是公务员和职业军官。他认为官僚机构中存在一种普遍的伦理态度：个人通过供给教育服务、医疗服务和军队等来营利，在某种程度上是错的。再如公共品供给中一直强调的产权拥挤问题，认为正是因为公共品的产权难以确定和明晰，才造成了公共资源的过度开发和肆意浪费。其实，产权问题从另一方面来讲，更多是一个意识形态问题，单纯从公共品的产权特征来考察政府的供给行为，是很局限的，特别是对像我国这样的转轨国家。意识形态涉及的是价值评价问题，这弥补了将官僚仅作为经济人的局限性，在一定时期，还对政府供给公共品范围产生着决定性的影响。

2. 公共品类别。根据上述公共品的分类新标准，笔者对公共品进行分类：

（1）福利性公共品和偏好性公共品。按照偏好、福利二分法我们将能提高官员客观福利的公共品称为福利性公共品，而将一般受众（当然也包括具有同样受众角色的政府官员）偏好的公共品归为偏好性公共品。当然，根据衡量政府官员政治绩效标准的不同，福利性公共品的种类也不同，在以经济指标为一切行为前提下，各种所谓的政绩工程如超标广场、马路、桥梁等，都可归为此类。而其余像养老、贫困救济、基础教育、公共安全、环境污染、卫生等难以给官员带来明显客观福利但官员作为一般受众却极为偏好的公共品可归为偏好性公共品。

（2）易衡量型公共品和非易衡量型公共品。某些公共品自身的特点使得对其供给的质和量难以有效衡量。而在政府这种大型的科层组织中，政治绩效是否能够有效衡量关系到上下层之间信息传达的效率。因此，在衡量官员绩效指标的选择中通常会偏好于易衡量的公共品，如一些能直接促进地方 GDP 增长的公共品，如大型基础设施（大型广场、超标马路、豪华建筑、高档医疗设施）、高等教育等。那些在供给的质和量上难以有效衡量的公共品包括：覆盖贫困人口的基层医疗设施、低保制度、基础教育、治安、环保、公共图书馆等。

（3）工业化公共品和非工业化公共品。这种划分方式是为了迎合计划经济体制和市场经济体制两种完全不同的制度环境。工业化公共品是为促进一国工业发展而提供的，计划经济时期，工业化——重工业化作为经济优先发展目标，一切政府支出都必须服务于重工业化建设的行为宗旨，由两部分组成：①与生产相关的，工业基础设施（铁路、公路、电力）。②与城镇从事于工业的居民生活相关，包括城镇居民福利制度。

非工业化公共品有：①与非城镇居民生活相关的，如农村居民的教育、娱乐、水气电暖。②与非重工业部门生产相关的农业基础设施，如农村公路、水渠、桥梁。③服务行业公共品，如邮政服务、医院、消防、保健事业、治安、环境保护。

（4）高档性公共品和基本性公共品。正如一般性商品被区分为正常品和低档品一样，公共品因其满足消费者群体的不同也可分为高档性公共品和基本性公共品。这种划分方法有利于我们针对不同的利益集团、社会阶层对政府行为的影响展开分析，其实将上述两类公共品分别称之为贵族化公共品和平民化公共品也许更为贴切。以医疗卫生领域公共品为例，昂贵的医疗型大型设备往往被高层级的医院拥有，以满足富人的消费需求，在乡村一级的公共医疗机构很难见到，资金来源上的限制使之只能拥有价格低廉的预防型医疗设备，甚至在一些边远贫穷地区这类设备也很难齐全。再如义务教育与高等教育相比，高等教育更容易获得政府拨款。

3.1.3 公共品市场的构建①

3.1.3.1 公共品市场的形成

市场的概念有广义和狭义之分，狭义的市场指有形市场，即商品交换的场所；广义的市场包括有形市场和无形市场，无形市场是指没有固定交易场所，通过多种交易形式达到交易的市场。② 随着现代市场交易形式的扩展，从交易总和的高度上来理解只要存在交易主体和交易对象，便会形成一个市场。王万山（2002）认为，一个严格意义上的市场构造必须具备四个基本要素：（1）有完全产权的市场主体。这里的完全产权，指产权主体具有独立排他的所有权，能自由交换所有权派生权能和获得产权交易的剩余；（2）有合法的交易对象，即有产权被社会保护的可交换的商品；（3）交易遵守市场一般运行规则，主要包括市场进出自由原则、自愿交易原则和公平竞争原则；（4）违反市场规则者将受到法律的制裁，即进入市场的主体的产权受到法律的保护。其中由于（2）、（4）更多地取决于公共品市场存在的社会制度环境，我们着重分析（1）、（3）两个因素。

1. 产权要素。从马克思的商品交易论来看，商品要能够用来交换，必须具有使用价值和价值两个因素；从产权角度来看，商品要实现交换首先要完成产权的交换，然后才有商品使用权的完全交换或部分交换。这是一个问题完全不同的两个方面。只有拥有商品产权的主体在法律保护和市场运行规则框架下能够自由交换产权，市

---

① 对于公共品是否是商品，国内学术界有不同的认识。一般观点认为公共品是政府或集体团体供给的产品，并没有通过市场交易，因而就无所谓市场的存在。吴俊培（1994）认为 public goods 应译为公共商品，刘心一（1999）提出"公共商品满足公欲，私人商品满足私欲，市场是两类商品的综合体"的见解，王万山（2002）认为"公共品实质是一种'公共商品'，公众、政府和一般市场三位一体交易公共商品形成'公共品市场'"。目前，公共品是商品，存在公共品市场的观点已为越来越多的人们所接受，笔者也赞同这一观点。

② 马洪：《什么是社会主义市场经济学》，中国发展出版社 1993 年版。

场才能够形成。

对于公共品来说，由于在生产和消费上的非排他性和非竞争性，产权较难私有化，或者是收费困难，或者是界定产权的成本太高。对于第一个困难，在灯塔的例子中，表现为两种形式：一是过往船只偷看了灯塔的指引，却不承认他看了。这类收费的困难较易解决，因为船只进港要经过有灯塔的航线。二是"搭便车"问题，即承认灯塔对他们有益但就是不付费。张五常提出解决的办法是政府给予私营灯塔一个"专卖权"，每一过往船只使用灯塔都必须付费，否则将予以处罚。由此，像灯塔这样的典型公共品，产权得以明确界定了。这一出售"专卖权"的办法与布坎南的俱乐部假说有异曲同工之处，在布坎南看来，产权的变更能够阻止那些没有"照明执照"的船只靠近或通过灯塔照耀下的海峡，拥有"照明执照"的船主就成了享有"俱乐部产品"的会员。从产权制度上讲，俱乐部产品假说以一种非常强的假定解决了"搭便车"问题，它假定俱乐部成员的偏好或趣味都是相同的，因而每个会员对俱乐部产品的评价的程度也是一样的。评价一样意味着没有"逃票"的动机。只要某个会员的利益得不到满足，他会离开俱乐部而转向能满足其偏好的其他俱乐部中去。对于产权界定的高成本问题，似乎模糊产权成为唯一的解决办法，将成员同质化实行社团产权就是其具体运用，社团产权主体可以是民间组织，也可以是政府。施文泼（2001）提出了通过间接定价的方法解决非排他性问题。例如对于开路电视消费者强制行收费成本太高，电视公司可以对广告进行收费，再由广告公司将费用转嫁给消费者，就可以实现三者的市场化运作。

可见，关于公共品产权的界定是有很多种途径的，虽然这些方法都有严格的前提条件，例如，受益范围必须有限，才能适度分享产权，而且也要根据公共品种类的不同采取不同的方法。但也说明了公共品市场形成的先决条件是存在的。

2. 市场运行规则。传统的公共品理论认为，公共品无法在私人市场上运行，因为私人市场的运行规则会造成某些市场资源不足和效率低下。但是波斯纳（R. A. Posner, 1939 ~）认为这一结论是根本错误的，只要具备一定条件，私人的市场完全可以产生出帕累托效率条件所要求的产出数量。他提出了期货合同理论来阐释该结论。以天气预报这一无形公共品为例，由于天气预报具有公共性，很难通过出卖这一"物品"直接从消费者那里得到相应的价值和报酬，但是他的发明人完全可以通过买卖期货合同，借助于期货市场来间接地得到发明的补偿并赚得利润。有了期货合同的交易，无形资产的私有产权完全可以克服公共物品的"搭便车"的外部效应问题，使私人市场制度的运行避开"市场失灵"的陷阱。波斯纳期货合同理论并不是对所有公共物品的生产都有效，该理论有严格的假设条件：第一，具有公共性特征的资产必须是个人可垄断的，它的生产完全可以排斥他人"搭便车"行为。它类似于"商业秘密"，如果没有可保持的秘密，生产者和发明者就无法排斥他人的"偷窃"行为，它是一种信息或知识，是无形的资源。这一属性决定了它完全可以不予公开表露，成为个人的秘密。因此，要使期货合同有意义且可行，资源除了具有公共性以外，还必须是无形的，具有商业秘密的特点和性质。第二，这类公共性资源的生产或分配必须对其他资源的生产有较大程度的影响。例如，天气预报对农业、航海、交通、甚至商业活动等都有至关重要的作用，即这类公共性资源的存在必须有较高的商业价值。第三，要使这类公共性资源的私人生产成为可能，还需考虑期货市场的可行性。第四，实施期货买卖，必须要有一定数额可观的资金作保证。否则，也会因没有足够资金而使交易无法实现。虽然期货合同理论有一定的限制条件，但是它说明了公共品是可以实现市场化运作的，张五常提出的拍卖"特许权"就是当前广为运用的公共品市场化运作方式。

3.1.3.2 公共品市场的类型

既然公共品市场是存在的，那么必然会像私人品市场一样，不同的产品市场属性构造出不同的市场类型。如前面分析，公共品的市场属性包括资产专用性、不确定性、信息可传递性以及产权可配置性，根据这些属性将公共品市场分为三种类型，垄断或寡占型市

场、"混合型"市场和竞争性市场，见表 3 - 1。垄断或寡占型市场
容纳的公共品有高资产专用性公共品、信息难传递性公共品、产权
拥挤性公共品以及高度不确定性公共品等；竞争性公共品市场容纳
的公共品有低资产专用性公共品、信息易传递性公共品、产权宽松
性公共品以及低度不确定性公共品等；其余的属于"混合型"公共
品市场。由此决定了市场主体的具体运作方式：寡头独占、多元合
作以及竞争。政府作为"市场里私有产权交易基础上产生的组织代
理人"，以公共产权主体的形式参与市场运作，供给公共品。政府
可以根据不同的公共品市场类型，遵循市场运行的原则，决定与私
人厂商的合作方式，弥补市场的缺陷，并通过与公众之间的公平契
约交易，实现一个完善规范的公共品市场。

表 3 - 1　　　　　　　　　　公共品市场的类型

市场属性 市场类型	资产专用性	不确定性	信息可 传递性	产权可 配置性	市场主 体个数
垄断或寡占型市场	极高	极大	很难	很难	一个或几个
"混合"型市场	很高	很大	较难	部分可配置	多个
竞争性市场	很低	小	易	可配置	无数

3.2　需求因素：消费者群体

与私人品市场相同，在公共品市场中，消费者群体构成了公共
品的需求因素，与供给因素共同作用推动了市场机制的正常运行。
但是，公共品的特性又使消费者构成的需求因素的各种致因有着不
同的表现，使公共品市场呈现出独特的运行机理。

3.2.1　需求总量与需求的多元化

在公共品市场中，消费者群体从需求角度影响着公共品的供
给，体现在两方面：一方面，公共产品"消费的非竞争性"决定了

消费者群体的数量和消费者居住的地域范围影响着公共品的消费容量，另一方面，公共产品"消费的非排他性"决定着消费者群体的分化产生对公共品需求的多样性。

3.2.1.1 对公共品需求总量的判断

由于政府供给公共品的直接动因是为了弥补市场失灵和市场缺陷，其目的并不是为了盈利，而是为整个社会再生产提供理想的"共同生产条件"。或者是为了整个国家的安定，或者是为了提供良好的生产和生活环境，或者是为了提高全民文化和身体素质，或者是为经济运行提供基础条件，等等。这就决定了对公共品需求总量的判断不能像私人品那样可以通过价格机制来实现对消费者群体的筛选，从而得到具体的需求数量。不考虑政府对公共品的征税因素，公共品的交易带有一定的"无偿性配给"的特点，无法像私人品交易那样交换产权和分割剩余，从而消费者不需要以个人的身份通过一对一的价格机制到公共品市场上购买。公共品在消费上的非排他性决定了它能够容纳尽可能多的消费者，其效应的外溢性使得"搭便车"的现象普遍存在，如果在收费机制上存在技术上的困难，则很难准确判断实际的消费者数量。因此，对公共品需求总量的判断，要依赖多元化的渠道。（1）纳税的消费者群体。税收作为公共品的价格，可以为公共品的需求数量提供信息。根据政府针对公共品开征的税种的纳税人数量的统计，可以较为准确地获取公共品需求总量的信息。但是该判断标准对政府税制设计的要求很高，而在现实中这种能够准确反映消费者需求信息的最优税制是不存在的。（2）公共品受益辖区的居住人口。这是根据消费者受益范围的地域性来判断的，地方性的公共品面向辖区居民总量，全国性公共品就要包含全国公民。这种判断标准更适合于纯公共品，如灯塔建造的数量可以只考虑所服务水域能够容纳船只的数量。如果消费者自由流动性很高，会影响这种判断方式的准确性。（3）特殊禀赋的消费者群体数量的实地考察。对于公共品的服务对象有特定指向的，例如，针对低收入者的贫困救济。由于这些群体禀赋特征比较明显，但分布比较分散，作为社会的弱势群体表达偏好的渠道相对来说不够畅通，政府必须动用工作人员利用行政力量进行实地考察，以求准确地获取这类消费者的需求信息，使公共品供给真正能够高效公平地满足他们的需求。

3.2.1.2　对公共品需求种类的判断

由于构成消费者群体的个体千差万别，不同群体对公共品具体种类的偏好不尽相同，根据消费者的不同需求使公共品的种类多样化，可以更好地满足消费者的需求。形成消费者不同偏好的因素有以下几种：（1）消费者的个人禀赋。消费者自身的素质包括智力、体质、知识结构、文化修养、工作能力等，这些因素的差异造成了消费者对公共品需求偏好的较大差异。例如，对教育这类公共品来说，消费者智力上、体能上的差别使某些人适合于职业技术性教育，某些人适合于研究性的高等教育。再比如免费疫苗的接种，是政府提供的一项既利己又利他人的公共品，但有的人出于无知不愿意接种，自动退出该类公共品的消费者群体。（2）支付能力。这是针对可以收费的准公共品而言的，消费者的收入决定其消费能力，如收费的高速公路，支付能力有限的消费者可能会选择其他路段而放弃使用；高等教育的收费制度可以将一部分潜在消费者排除在外。公共收费可以限制公共品的过度消费，避免资源浪费，但是对公共品的垄断供给者来说，会使其在销售公共品时针对不同的消费者群体采取歧视性的价格政策，攫取消费者剩余。因此，对市场化能力强的准公共品供给应尽量引入多元化的供给主体，形成竞争性的供给市场，对自然垄断性的公共品市场政府应采取相应的规制措施，以避免垄断供给者损害消费者的行为。（3）对公共品投资收益评价差别。消费者可能不考虑个人禀赋、支付能力等因素，仅仅依靠对公共品投资收益评价来决定是否消费该公共品。例如，对一个经济头脑很强的人来说，在学校接受教育给他带来的远期收益可能远不如"投笔从商"带来的收益大。如我国2005年度福布斯首富国美电器总裁黄光裕只有初中学历，世界首富比尔·盖茨就放弃了大学三四年级的学习。（4）社会意识形态。社会意识形态也在很大程度上造成了消费者对公共品的不同偏好。例如，在我国改革初期，"造原子弹的不如买茶叶蛋的"读书无用论思想使很多人放弃接受义务教育直接进行谋生，80年代的文凭热使大众又开始重视教育，促成了教育事业的迅速发展。

消费者需求总量和偏好种类信息的准确获取可以帮助政府制定公共品定价机制，有利于实现公共品有效供给。消费者需求多元化的发展也是促成公共品供给多元机制形成的诱致因素。对一个处于变革过程中的社会来说，对上述需求因素的考察还应格外关注消费者群体的动态分化。

3.2.2 对需求信息的获取

3.2.2.1 投票模型和消费者的偏好表露机制①

在公共品市场上，公共品所具有的非排他性和非竞争性使得市场价格机制无法被用于揭示公共品的个人偏好（即使假定这些个体在作出决定时信息是完全的）。在非排他性下，由于可以免费消费这些产品，这些个体不会自愿披露他们对公共品的偏好。然而，价格机制的有效运行却又建立在他们显示真实偏好的基础上。这样，理性个人将成为搭便车者。即使他们有可能被通过某些技术装置设施排除于免费消费之外，他们也不会表明其偏好，因为消费上的非竞争性特征隐含了这些个体在消费公共品时不存在边际机会成本。

上述两个难题使政府在获取消费者对公共品的需求信息时只能另辟蹊径。针对一般市场机制无法有效配置公共品的难题，政府会采用政治机制（特别是投票）将个人关于公共品的偏好理性地传递给政策制定者。理想中认为，这类集体决策机制通常可以反映社会中所有个人的偏好，同时又能够不增加成本地有效运行。民选政府

---

① ［美］鲍德威·威迪逊：《公共部门经济学》，中国人民大学出版社2000年版，第102～124页。

在决定了公共支出水平与配置结构后，可以强制地决定每个公民为了获得这些公共服务所应支付的价格或缴纳的税收。同时，由于政治家必须依靠公民的选票才能当选，因此政府会力图选择那些公民偏好最强、所需成本最小的公共支出水平。然而，有关通过政治过程决定公共品产出水平的分析仍处于发展的早期阶段，虽然其中一些抽象的投票模型获得了长足发展，并且硕果累累，但是大部分都是属于直接民主型的，假设公民是根据自己决定直接投票，而不是通过投票选出代表的代议制民主。在人类文明发展史中，直接民主只能产生于古代小范围的城邦国家，如古代雅典的制度、罗马共和国的制度，以及文艺复兴时期意大利城邦的制度，都在不同程度上体现了全体公民直接参与政治决策的原则。随着人类国家疆域的扩大，人口构成的复杂，代议制政府形式在观念和实践上都取代了直接民主而成为人类文明进步选择的必然。因此，这些投票模型缺乏现实实用性，目前还没有一种能够清晰描述政治过程如何通过投票将公民偏好完全传递给政府的满意模型，理论界也不存在统一的答案。

针对价格机制在公共品配置上的无效率，最直接的做法就是寻找一种替代机制以使个人准确地表示出他们的个人偏好。由于最优投票机制的条件非常苛刻，很多学者转而致力于利用激励相容机制的设计来了解公众对于公共品的偏好，探索另一种消费者偏好显示的激励机制。包括克拉克（Clarke，1971）、格鲁夫和劳伯（Groves & Loeb，1975）、塔德曼和塔洛克（Tideman & Tullock，1976），以及格鲁夫和莱德亚（Groves & Ledyard，1977）。这些学者提出的模型的共同假设是：个人（或企业）的边际税额应等于公共品边际成本与公共品所有使用者（不包括纳税人数）所获收益之间的差额。个人因而愿意尽量多地消费公共品直到其得到的边际效用等于其边际纳税额。这也是萨缪尔森提出的最优条件。但是，这些机制在实际运行过程中，都会因种种原因缺少可操作性，如果政府要推行这套机制也要花费大量的时间和精力。获取消费者需求信息只能通过次优途径，如 Fisher（1997）认为，如果中间投票均衡存在，且中间投票人能够准确估计，则个人收入、税收价格以及社会经济变量可以用来估计对公共品的需求。

3.2.2.2　政府在需求信息获取中的主动性

由于政府组织特殊的等级制度以及生产公共品所需款项的来源限制使得官员的行为"唯上不唯下"。正如尼斯坎南所说,与营利商业组织相比,政府机构对需求的关注依靠总资助而不是总利润。而在民主化程度不高的转型国家这一问题显得尤其严重。因此,对于处于制度转轨时期的政府来说,探索可行的消费者偏好表达机制只是问题的一方面,更重要的是要改造和清除旧制度中阻碍政府与消费者之间信息传导渠道的各种因素,构建新制度以尽可能地激励政府官员主动地与消费者沟通,获取准确的消费者需求信息。

1. 应当继续完善分税制。分税制将供给公共品的资金获得权下放给了供给公共品的行政辖区,事权和财权的相匹配调动了地方辖区的积极性,降低了政府与消费者之间的信息不对称程度及获取信息的高成本。这实际上是运用了蒂布特(Tiebout)的"用脚投票"的消费者间接偏好表露法。这一方法有两个隐含的假设前提:一是人们能够自由地选择自己的居住地,而不会受到某些制度性壁垒(如户籍制度、社会保障制度等)的限制和束缚;一是假定人们的生存主要是靠非劳动收入,这样人们就不会因为工作而被固定在某个地方。这两个苛刻的条件使得蒂布特的"用脚投票"机制过于理想化而无法实现。但是,第一个条件是政府分税制有效实施的配套制度保证,随着经济的发展,人们就业机会的增多,在不同的辖区获得同样的收入机会也使第二个条件在一定程度上得以满足。

2. 政府官员要主动获取消费者需求信息。除了通过制度建设等被动手段获取消费者信息外,政府官员可以发挥主动性,直接深入消费者群体来收集关于需求信息的第一手材料。近些年来出现了一种新的以调查和问卷形式作为获取个人对公共物品偏好的手段,这种方法是一种直接偏好表露法,被称为"或有估价法"(Contingent Valuation Method),其思想是要求人们对研究人员所描述的某种假设事件做出可能的回答。这种方法的主要优点在于研究人员能设计出一种能产生所需信息的问卷，并可以建立自己的数据库。Gunnar Rnngen 使用 CV 法实证分析了挪威地方公共品的提供效率，即是否满足人们的需要和偏好，他发现各个市的几项关键性公共服务没有达到有效率产出水平，综合服务水平不均衡，太多的资源配置在了行政和文化开支上。与此同时，对教育和老年人健康方面的投入又太少。或用估价法建立在资料丰富的数据库基础上，且不仅限于地方公共物品的需求估计上，而且具有更广泛的应用领域。但这种方法也并非十全十美，主要是在统计分析中有可能存在各种各样的偏差，以至于会影响估计结果，而解决这些偏差无形中又增加了这种方法的使用难度，影响了其应用范围。

3. 建立起对政府官员的绩效考量制度和监督机制。政府官员"经济人"的特性，使得畅通的信息传导机制不能成为他们能够真正关注消费者需求的充分条件。因此要想真正激发起官员对消费者利益的关心，必须利用来自消费者对政府官员的有效监督，将其经济行为纳入真正为消费者谋福利的正常轨道上来。问题的存在总是多方面的。正常的公众偏好传导机制、健全的监督机制也不能完全保证政府行为真实有效。即使在一个良好的民主社会中，政府可能会为讨好消费者，无效率地供给产品，因为消费者作为"经济人"通常只会抱怨被剥夺的福利，而不会抱怨错误地分配到他头上的福利。建立有效机制促使政府诚实地免除消费者的"错误"利益，是纠正政府行为的另一项重要举措（普伦德加斯特，2003）。这需要科学的政府绩效考量制度和监督机制。

3.3 供给因素：政府预算拨款、征税与私人资本

同私人品的生产一样，政府机构作为公共品的供给主体，首先要获得供给公共品和服务的生产要素，包括资本要素和劳动力要素，这些共同构成了公共品的供给因素。公共品生产的资本要素主要有三个来源渠道：作为委托方的上级机构的预算资金的划拨，通

过税收机制对消费者征收的税收，以及私人资本的进入。① 下面依次分析资金运用中各自的机理，以及对公共品供给效率的影响。

3.3.1 政府预算拨款

政府作为社会公共权力执行的代理人，上级机构批准的预算构成了其全部的财政来源，其中的一部分成为公共品生产所需的资金，构成了生产成本。在预算资金的划拨过程中，共有三个环节需要关注：一是预算审议程序，作为代理人的政府机构需向上级汇报公共品的预期产出水平，以获得至少能够满足这一水平的产出所需要的成本的预算资金。这一环节有赖于委托方和代理人之间的关系。尼斯坎南（1971）认为，如果缺乏第三方的监督，委托人与代理人可能相互勾结形成双边垄断关系。

图 3－2 显示了一个政府机构在两个预算约束（区域 ocgb 约束和三角 oih 约束）下的均衡产出。C 是实际的公共品生产成本，边际函数 V1 代表较低的需求条件，在这个需求约束区域内，当总预算刚好是公共品产出的最低总成本时，公共品产出达到了均衡水平，但这时总预算 oadgb 和总成本 ocgb 的面积是相等的，政府没有"油水"可捞。但这样一个均衡产出仍然是高于最优水平的。边际函数 V2 代表高需求条件，在这样的一个需求约束内，总预算要大于 oih 所表示的最低总成本。在均衡产出上政府是有"油水"可捞的。可见，从经济人的假设出发政府机构是没有动机去追求效率的。相反，它总是在努力寻求超出最低限度需要的支出，以便消耗完那些被批准的预算。这一情况，在亚诺什·科尔奈（1980）所定义的预算软约束下表现的更为严重。社会主义经济下的政府作为承担公共品供给任务的国有企业的所有者和控股人，"家长身份"迫使它不得不实行"父爱主义"，对亏损国企进行不断的预算拨款以承担起再融资解救的义务。

---

① 虽然政府税收也构成了政府预算资金的来源，但此处的预算强调通过上级政府的行政划拨，税收则强调拥有征收权的政府自主的资金筹措。因此，各自的运行机理是不同的。

由于国有企业是政府（或政党）谋取政治利益的工具（Shleifer & Vishney，1994），政府对国有企业的解救和再融资可以获得国有企业的政治支持。因此，从成本—收益的角度考虑，政府对亏损国有企业实施再融资解救的决策要优于清算决策，从而国有企业便存在普遍的软预算约束。这导致经营公用事业的国有企业的均衡产出将会更加偏离最优产出水平，浪费现象也更突出。

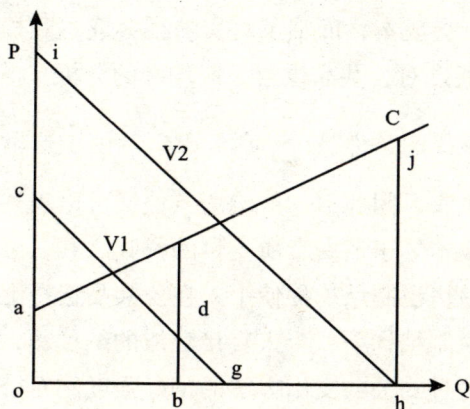

图3-2　政府机构的均衡产出

　　作为公共品供给所需资金的来源之一，政府预算拨款因政府机构特殊的层级结构和政企合一的运行机理，导致使用过程中的种种低效率现象，这有赖于政府机构内部委托代理机制的完善和政府预算管理体制的健全。

3.3.2　征税①

　　政府税收是一种将资源从私人部门转移至公共部门的主要机制。政府的税收收入虽然同上级的预算拨款一样共同构成了财政收

---

　　① 作为政府对公共品融资的方式之一，财政税收、公共收费、政府公债等都属于统一范畴，为了分析的方便，笔者暂时将政府作为融资主体筹集到的资金都归为一类，到第4章对政府融资行为进行分析时，再进行细分。

入，但是由于政府拥有税种的立法权（地方政府拥有部分权力）和征收权，并且税收作为公共品的一种价格表示，在政府实现有效供给中发挥重要的作用，因此政府在获得这部分收入时具有主动性，在使用这部分收入时要受到法律的规范性约束。

对税收融资的理论分析可谓源远流长。庇古（1932）认为公共品最优配置的条件就是公共品消费的边际效用等于纳税的边际负效用，并提出了庇古税，即通过对污染者征收污染税，使其边际私人成本等于边际社会成本，面临了真实的社会成本和社会收益。萨缪尔森（1954）通过对公共品供给一般均衡的分析，得出了公共品供给达到帕累托最优的条件是 $\sum_{h=1}^{n} P_G^h = MC_G$。由于这里的价格就是消费者所交纳的税收，因此，一般均衡条件又可以表述为，政府供给公共品的边际成本等于消费者所支付的税收之和。公共选择学派认为，可以通过最优税制结构促使个人在公共品选择上真实地显示其偏好。在这种税制结构下，个人直接分摊的纳税额，取决于他的投票结果对建议通过的公共支出方案的偏好强度和对公共抉择最终结果的影响，若他的投票结果不影响公共选择的最终结果，则不直接承担税负；若改变了公共抉择的最终结果，则其分摊的税收在数量上应能全部补偿由于他的投票而造成的其他投票者的净收益损失。

税收成为实现公共品定价的依据之一；依法纳税的原则强化了对政府的监督机制；人人纳税的原则一定程度上实现了公共品分配上的公平；税源的固定性也为政府提供了稳定的收入来源，成为政府对公共品直接投资的主要资金来源。但是税收这一方法也存在无法克服的缺陷，例如，税收的强制性忽视了消费者的偏好显示；在一般条件下税收都会对资源在市场机制下的有效配置产生扭曲作用；税收收入形成的对公共品的直接投资无法从根本上改变供给效率低下的状况。公共选择学派提出的最优税制政策也只是一个理想化目标，因为政府无法获得一个公平的林达尔公共物品价格分担体系，因而无法制定出这样的一种税制结构，同时无扭曲的一次总付税并不具备现实实施条件，税收融资一定会扭曲纳税人的行为，从而破坏了帕累托效率条件。

3.3.3 私人资本的进入

单一的政府直接投资导致了公共品生产的低效率，已成为全世界的普遍共性问题。原因有以下几点：（1）资金来源渠道单一、数量有限，无法满足公共品供给的资金需求量。随着市场经济的发展，单一的政府投资已越来越难以满足灵活多样的公共品需求。不仅消费者地域、群体的差别会造成对公共品的不同需求，利益集团的分化也会形成不同的公共品需求层次，这是单一的政府投资所无法满足的。资金要素的限制，使得政府供给的公共品往往品种单一，数量有限，消费者处于无从选择的被动地位。（2）政府组织的特殊性使得委托人和代理人存在利益一体化的可能，因而对政府投资的使用缺乏必要的监督机制，无法克服在资金使用中的委托—代理问题。在政府垄断公共品的供给体制下，为了实现公共品供给，在保证自身利益最大化的约束下，政府必然会以要素市场垄断者的身份将所需要素价格压到最低，以此来增加提供公共品的潜在利益。导致生产费用的浪费、公共品质量低下和供不应求，严重损害消费者的利益。（3）政府单一投资机制缺乏投资的竞争压力和投资破产风险机制，缺乏必要的激励动力。国有公用事业企业往往投资成本高，效益差，亏损严重。表3－2说明了世界上一些地区政府直接投资的公营企业普遍存在效益不佳的情况。

表3－2 政府直接投资经营企业的净收益比率

行业类别	欧洲	拉丁美洲	非洲	亚洲	所有地区的平均值
铁路	−47.0	−84.1	−8.8	−10.4	−40.5
其他运输	−30.5	−33.0	0.2	−15.5	−19.1
石油	−0.9	23.3	——	——	13.8
电力	6.4	——	0.4	16.7	6.2
邮政电讯	4.8	6.7	−47.3	−30.0	−14.3
其他产业	−36.4	−30.6	7.7	——	−30.3
所有产业平均值	−23.3	−21.9	−4.5	−7.6	−16.0

资料来源：Corporations Gantt 2 AH and Dutto，G：Financial Performance in Less developed Countries，Staff Papery March of Government Owned 1968，P1100。

　　随着市场经济的发展，公共品多元供给主体的出现使政府控制的垄断供给格局被打破，要素价格的市场化抬高了政府提供公共品的成本，财政预算资金相对缩减，官员的寻租空间被压缩了。在无利可图的情况下，政府机构必然要想法变通，在公共品的生产中引入私人资本。这一现象的变化一定程度上是市场自发秩序演变的结果。政府面临的财政压力只是另一个原因。私人资本在公共品供给领域的全面参与，有利于各供给主体在生产提供领域采取合作策略行为，从而有更大的产出，带来更多的社会福利，更有利于社会稳定。对这一问题，笔者将在第 4 章有详细地论述，在此只是综合性地简单阐述。

3.4　环境因素：经济秩序和政治秩序

　　政府作为一个人类组织，总是处于特定的制度环境中的，制度环境的差异影响着政府的行为方式和运行效率。传统的公共品供给理论认为政府的功能就是供给市场不能交易的产品和服务。这种理论并不能完全解释不同制度环境下政府的供给行为。因此，要剖析政府行为的运行机理，离不开对政府所处制度环境的分析。本节从经济秩序和政治秩序两个层面来做具体的探讨。

3.4.1　经济秩序

　　政府提供公共品和服务的特征与其他组织包括非营利性组织有很大的不同，这在不同的经济秩序下表现的格外明显。作为决定上层建筑的经济基础，经济秩序的市场化程度改变着政府经济行为的效用函数。人类社会的经济秩序形态经历了以下历程：

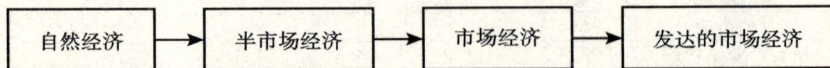

```
┌─────────┐      ┌─────────┐      ┌─────────┐      ┌─────────────┐
│ 自然经济 │ ───→ │ 半市场经济│ ───→ │ 市场经济 │ ───→ │ 发达的市场经济│
└─────────┘      └─────────┘      └─────────┘      └─────────────┘
```

图 3-3　人类社会经济秩序的一般演化路径

自然经济是市场经济的发轫期。由于市场经济还不完善，公共品的私人供给方式尚处于起步阶段，政府就成为公共品的主要供给者，通常会采用"利维坦"的计划手段。因而会出现两种现象，或者是最低限度的供给不足，或者是大包大揽的过度提供。随着私人品市场运行机制的逐渐成熟，私人厂商开始涉足公共品领域，政府与私人厂商之间通过多种形式的分工与合作，实现公共品市场的多元化主体有序供给的态势。当然，这种转变并不是一帆风顺的，由于供给体制发生了由政府主导的计划方式向规范的市场方式的大变革，动态的秩序演变必然引发众多变数。我们将目光锁定在转轨国家由单轨制的计划经济体制向双轨制的计划与市场体制并存的历史时期，会发现这一时期，政府的功能分工通常会出现混乱，一方面技术的进步和产权的变革改变着公共品的特性，也重新界定着政府供给行为的范围和规则，另一方面公共品供给要素的部分可流通性，使政府在利用预算资金购买公共品生产要素时，发生计划和市场两种运行机制交错的状态，使转轨期体制变革相对僵化的政府难以及时优化功能分工，以适应变化了的情况。致使政府财政在公共品支出中铺张浪费和捉襟见肘现象并存，所供给的公共品一揽子构成出现结构性矛盾，政府普遍出现偏向竞争性公共品的"投资冲动"现象。

3.4.2 政治秩序

政治秩序决定了一国政府的构成或组成方式，一方面规范着政府和公民之间的关系，即权力与自由（权利）的关系；一方面规范着政府各部门之间的关系，或者说政府内部各种不同性质的权力构成及运作。根据人类社会的一般演化历史，一个文明秩序进化良好的国家的宪政秩序通常会沿革以下路径：

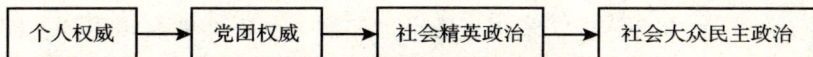

个人权威 → 党团权威 → 社会精英政治 → 社会大众民主政治

图3-4 宪政秩序的一般演化路径

在不同的宪政秩序下，政治体制有相当大差异，政府在经济生活中的角色也发生变化。这使政治决策机制、政府的公共品供给方式、政府的融资方式以及对其他经济主体的规制方式都有很大的不同。

个人权威的宪政体制下往往是极权制，统治阶层是社会唯一的独裁者，"君权神授"或凭武力获取政权的方式使公共决策机制成为个人的独裁。"经济人"的趋利机制使他只能是享有无限的权利，承担尽可能少的义务和责任，对来自公众的需求呼声充耳不闻。作为社会的统治者，他与被统治者之间的自上而下的单向契约达成模式导致社会权力结构失衡，对其他经济主体往往采取粗暴的强权性的管制方式。

党团权威在很多地区采用了国家主义模式，这种模式被学术界广泛地称作"东亚模式"，核心内容是国家（政府或政党）既制定经济发展的战略，又参与具体的经济事务，既是游戏者，又是游戏规则制定者。党团控制的集体选择的决策程序虽然还带有强制的色彩，但民主的程度也在加深。作为国家的权力中枢，政府受到多元利益的影响，这在工业革命后市场经济体制的广泛发展时期格外明显。社会群体发生分化，精英阶层出现，成为政府模式向代议制转变的主要动力，政府成为部分立法者和经济扶持者，以投票为主要形式的公共决策机制成为最优模式，这势必使政府的经济行为朝着规范、透明、民主的方向迈进。

随着市场经济的高度发达，精英阶层的身份色彩越来越不明显，逐渐融入社会大众中去，政府的权力来自民众的赋予，并受到法律的约束，法治社会形成了。这使政府真正从公民的权益出发提供社会所需公共品；在政治上，权力制衡机制使政府内部各部门互相牵制，政府官员为自己牟利的动机和空间被压缩到了最小，成为真正的立法者，并担负起与其权力高度对应的扶持社会经济健康发展的责任；在经济上，他与社会个体经济、私人非营利组织等共同处于市场竞争之下，遵守市场游戏规则，形成规范有序的竞争性的公共品供给市场。

表 3 - 3 总结了在不同的经济秩序和政治秩序下公共品供给市场中政府角色和行为的变化。

表 3 - 3　　　　　　　政治秩序和经济秩序对公共品供给的影响

宪政发展路径	个人权威	党团权威	社会精英政治	社会大众民主政治
经济基础	自然经济或产品经济	半市场经济	市场经济	发达的市场经济
合法性基础	神授、武力或意识形态的征服	党团控制的集体选举	精英联盟下的投票选举	民授
公共政策决策机制	独裁制或极权制	权力寡头或专制政党	政治、经济、社会精英联盟的多头政治	三权分立的多元化代议制模式
经济模式	传统经济或计划经济	政府间接管理下的转轨经济	政府宏观调控下的自由经济	自由经济
公共品供给模式	政府是唯一的供给主体	政府开始与其他主体合作，但以强权的行为方式为主	多元化供给机制下的政府主导模式	竞争有序的公共品多元供给市场

第4章

政府的供给行为

政府供给公共品的行为可分为三个过程：（1）决策过程。政府作为代理人通过内部决策机制（如投票）制定公共品的供给决策。（2）生产过程。政府按照市场游戏规则进入公共品市场生产公共品。（3）分配过程。政府以类似于企业"法人"身份通过定价机制等以物物交换的方式将公共品在社会成员之间进行配置。下面对这三个过程来逐一进行分析。

4.1 公共品供给的决策行为

对公共品供给进行决策是实现公共品有效供给的前提。这一决策过程不同于私人品市场，它以政府组织集体为决策主体，以公共品为决策对象，通过有一定秩序的政治市场来实现。一个完整的决策过程包括决策制定过程、决策执行过程和决策监督过程（张小燕，2005）。在此，笔者主要关注公共品供给的决策制定过程。决策程序的内生性缺陷使得政府只能采取次优的决策机制，而外生性制度缺陷使得构建良好的制度环境成为转轨期政府优化决策行为的最佳选择。

4.1.1 政府决策制定过程中的困境

4.1.1.1 决策制定过程中的内生缺陷

根据公共品的特性，在决策的制定环节中需要解决这样三个问题：首先，通过政治决策程序的介入，利用激励相容机制诱使消费者说出自己对公共品的真实评价；其次，准确获取消费者对公共品的偏好及分布的信息，并将个人效用评价整合为集体评价；最后，通过政府的单边决定或集体选择实现公共政策的制定。但是，在现实中，上述三个问题都遇到了这样或那样的障碍，无法达到最优状态，使决策制定过程陷入困境。

困境一：消费者偏好激励机制难以有效实施

公共品消费中"免费搭车"的普遍存在使消费者缺少显示其真实偏好的动机，导致了价格机制对公共品资源配置的无效率。维克塞尔（Wicksell）认为如果没有政治决策程序的介入，人们将不愿意说出自己对公共品的真实评价。必须人为的设计激励消费者主动显示其偏好的机制。经济学家们就此提出了很多方法。较为有名的有蒂布特（Tiebout）的"用脚投票"偏好显示法，维克里（Vichrey）的第二价格法偏好显示机制，克拉克—格鲁夫（Clark-Groves）收费投票制，汤普森（Thompson）的偏好机制等。但是，这些机制在实际运行过程中，都会因各种原因缺少可操作性。

困境二：消费者偏好及分布信息难以获取和阿罗不可能定理

由于信息的不对称和信息获取的高成本，政府无法准确获取消费者的偏好及分布。即使政府获取了消费者个人的偏好信息，也无法将这些个人效用评价合理地整合为集体评价。阿罗（Arrow）不可能定理指出，如果存在一个社会福利函数，那它应该"是这样一个过程或规则，对各社会形态的每一个人序关系集合 R_1, …, R_N（一个人一个排序），就有一个相应的备选社会状态的社会序关系 R。"[①] 而要得出这

---

① ［美］肯尼斯·约瑟夫·阿罗：《社会选择：个性与多准则》，北京首都贸易大学出版社 2000 年版，第 37 页。

种社会排序，必须满足五个条件，而同时满足这五个条件的社会福利函数是不存在的。

困境三："政治失灵"导致决策失效

即使上述两难题都能有效解决，政府自身的低效率也无法得到最优的公共决策，造成决策失效。在布坎南看来，政府作为公共利益的代言人，其作用是弥补市场的不足，并使所作决策的社会效应比政府干预以前更高，否则政府的存在就无任何经济意义。但政府决策往往不符合这一目标，有些政府的作用恰恰相反，它们削弱而不是改善了社会福利。因为政府是由人组成的，政府的行为规则是由人制定的，政府的行为也需要人去执行，而这些人都不可避免地带有经济人的特征。因此没有理由把政府看作是超凡至圣的超级机器，没有理由认为政府总是集体利益的代表和反应。政府同样也会犯错误，也会不顾公众利益去追求由政府成员所组成的集团的自身利益。"市场的缺陷并不是把问题交给政府去处理的充分条件"，①"政府的缺陷至少和市场一样严重"② 公共决策是一个异常复杂的过程，存在着种种障碍，使得政府难以制定并执行好的或合理的公共政策，导致公共政策失效。

4.1.1.2　导致决策结果失效的外生制度缺陷

1. 集权制单边决策模式使公共决策的运作过程缺乏正常监督。人类社会政府的公共决策程序通常有两种方式：单边决定和集体选择。政府单边决定的最大优势在于减少了委托—代理的成本，但是加大了制度的不稳定性。政府财力资源的支配往往与权力资源的结构相对应。政府决策的高度集权决定了财力的支配方向遵循的是权威阶层的意志，而不是被排除在权力以外的民众的要求。由于政府机构内部缺少监督机制，公共品供给领域也要服

---

① James Buchanan, The Theory of Public Choice Ann Arbor, The University of Michigan press, 1972, P18.
② ［美］詹姆斯·布坎南：《自由、市场和国家》，北京经济学院出版社 1998 年版，第 56 页。

从领导者的绝对权力,以领导阶层的"满意度"为下层官员的行动"指南"。政府权力越集中,对公众民意的回应就越弱,公共品供给就越容易与民众的实际需求发生背离。集体选择程序使中央政府或上级组织的控制力受到更大的限制。中央政府不能在地方政府结构或财政方面轻易地实施尚未取得共识的变革。但是,求助于政治程序的集体抉择是否能真正有效地提高政府决策的民主程度,恐怕还值得商榷。因为这会导致中央过分依赖地方权威、上层过分依赖专业权威。如果执行组织在资源占有方面不平等,会造成公共品供给的地区差异、阶层差异、群体差异等,形成新的不公平。

2. 特定的激励制度会改变公共品供给结构的决策。如笔者在前面对公共品特性的思考中提到的,特殊的激励制度会导致政府官员对不同的公共品偏好和提供该种公共品给不同群体带来的福利之间的不一致性。如果政府是公共品市场上的垄断者,上级政府对官员设定的激励制度会极大地影响政府对公共品供给结构的决策。如果激励制度是不与消费者福利的提高相挂钩的薪金、职务津贴、公共声誉、权力、任免权等,政府会倾向于提供能引起上级注意的显著性公共品,而不管资源配置是否合理。例如,我国当前普遍存在的"政绩工程"、"形象工程",就是地方政府为了吸引上级眼球以求获得升迁的政治资本的一种表现。

4.1.2 构建制度环境,优化政府决策行为

由于这些困境的存在,使得政府只能选择次优的决策行为。例如,政府会利用中位的选民偏好来替代全体国民的偏好,用集体选择的方法来决定生产公共品的种类和数量,运用扭曲的税收为公共品生产融资。由于"一致同意"的决策原则致使集体决策成本过高,政府一般会用"多数原则"或少数服从多数的原则来决定生产公共品的种类和数量。在这里,我们不去讨论政府内部具体的决策程序,而是从提高公共品供给效率的目的出发,着眼于转轨时期政

府面临的特定的制度环境，来寻找能够"改善"上述困境、提高政府公共决策效率的途径。

4.1.2.1　强化公共品的市场化运作

市场的形成必须要有明确的产权主体，产权主体首先要在法律保护和市场运行规则框架内能够自由地进行产权交换，然后才能实现商品的交易。由于公共品在生产和消费上的非排他性和非竞争性，必须由政府出面对其产权和经营权进行界定。政府可以通过政治程序，将公共品的产权进行具体划分，并通过法律程序和市场规则将其授予其他经济主体，与之达成交易契约，明确责权利，形成共同的产权交易主体，以完成公共品产权的初次分配。获得了实际产权的经济主体可以进入二级市场，进行产权所有者之间的产权转让与交易，实现公共品自由的市场交易，完成公共品产权的再分配。健全的公共品市场能够保证公共品的价格波动真实地反映其供求状况，传递消费者需求信息，为政府制定公共品供给的决策提供便利的价格依据，避免单纯的政府行政行为所固有的弊端。

4.1.2.2　建立以市场为导向的公共决策机制

政府组织层级式的权威结构源于官员个体有限的能力，可以有效地解决个人之间的冲突，使行动者得以合作。但是层级结构会使信息的传递成本随着机构规模的变大而加大，降低效率。因此由政府统一控制的中央集权式的公共品供给决策模式，首先面临的难题是委托—代理链条过长导致对地方基层消费者信息收集的困难。与联邦或中央政府相比，地方政府更了解当地居民对公共品的偏好，更能准确地满足地方居民对公共品的需求（Oates，1972）。因此，将公共品供给的决策权尽可能下放到最基层单位，充分发挥地方的积极性，是降低信息获取成本、提高信息准确性的必然选择。这对于制度转轨的国家来说，是公共决策权在政府各级层之间分配的问题，就要涉及政府间的财政分权改革，改变以往集权式的中央政府大包大揽的公共品供给模式，将责任和资源移交给地方政府，地方政府与辖区居民联系密切，可以利用充分的信息来源渠道了解民众的需求信息，降低信息获取成本、提高信息的准确性，改善政府对公共品供给的决策效率。

除了政府内部决策权的优化配置，还可以采取社区自治的方式，政府决策和私人决策共同参与的多中心治理方式使自上而下的统治性权力与自下而上的自治性权力交互作用，共同提高公共品供给的决策效率。公共品供给产权合约的状态决定着决策权的配置和决策行为的表现。对于市场化能力较强的公共品，可以适当地引入市场机制，将公共决策权转化为私人决策权，建立以市场为导向的决策机制，从而避免政府决策困境，提高决策效率。

4.2 公共品的生产过程

要寻求最有效率的公共品供给方式，必须要针对不同公共品市场的特点。如笔者前面分析，不同的公共品在资产专用性、信息可传递性、不确定性以及产权可配置方面的特点是不同的，这决定了存在多个不同的公共品市场：垄断性公共品市场、竞争性公共品市场以及"混合"型公共品市场。在这些特色各异的公共品市场上，政府的角色不同，生产过程也呈现出不同的机理。通过分析各自的运行机理和效率，以求找到政府在公共品生产过程中所能扮演的最佳角色和最优行为。

4.2.1 作为垄断性供给者的生产行为

对纯公共品而言，政府是当然的唯一供给主体，其他经济主体也不会与之竞争。但随着公共品属性向私人品的接近，政府如果仍然垄断市场，必然会导致种种低效率行为。

4.2.1.1 政府作为垄断性供给者的生产行为

1. 来自要素市场的分析要件。在垄断的公共品市场上，政府是唯一的生产主体，不存在其他的竞争主体。在生产要素的获取中，作为委托方的上级机构划拨的预算构成了其全部的资金来源，也形成了政府的生产成本之一。这决定了政府受到的来自成本方面的约束只有一个：预算约束。在这样的资金要素市场上，委托方与作为代理人的政府执行机构之间是一种双边垄断关系（尼斯坎南，1971）。当政府用预算资金去购买其他的生产要素（如劳动力）时，由于纯公共品的资产专用性通常都很高（如前面分析），决定了政府在这些要素市场上也以垄断者的身份出现，因此，在要素约束的条件下，政府可以利用这些要素的不同单元之间的价格歧视机会，来最大化其生产要素的剩余。因此，实行要素价格歧视的政府机构要比不实行的政府机构有更大的预算和产出。但是，除非这些要素所有者的代表能够左右政府的一部分利益，在纯公共品的要素供给市场，政府一般是没有动力去采取价格歧视的策略行为的。

2. 来自需求层面的分析要件。由于公共品在消费上的非竞争性和非排他性，来自消费者的需求约束也呈现出不同于私人品的特点。公共品的总需求量是个体消费者需求量的垂直相加。用公式表示为：$X_j = \sum_{i=1}^{n} x_j^i$。需求价格弹性依公共品种类而有所差别，纯公共品的弹性为零，随着公共品向私人品接近，弹性依次增大。如图 4 - 1，D1、D2、D3、D4 分别代表了不同弹性的公共品的需求曲线，弹性依次降低，公共品的"纯度"依次加大，D4 表示的是无弹性的纯公共品。由于公共品的税收与需求基本脱节，这些需求曲线的存在是非常勉强的（萨缪尔森将公共品需求曲线称为虚假的需求曲线），这导致需求约束的不确定程度很高。政府来自需求层面的约束更多地要考虑政治的稳定性等因素。

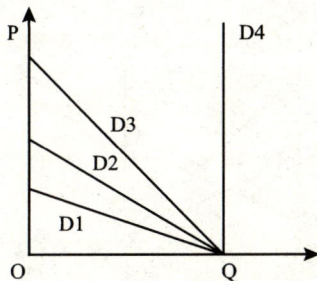

图 4-1　公共产品的需求价格弹性

3. 政府的均衡产出。垄断的公共品市场的产生有两个原因：一是由于公共品自身的特性（如资产专用性较高、信息传递困难等）、供给技术特征、不同的需求水平变化（Berg & Tschirhart，1988）造成的，这类似于自然垄断市场，很多公用事业部门经常出现这样的情况，是市场秩序自发选择的结果。另一个原因是政府由于经济秩序和政治秩序等外在制度环境，主观上排斥其他经济主体的进入，造成供给市场的绝对垄断现象。例如，我国计划经济时期，共产主义的意识形态将提供公共品看作是政府不可推卸的责任，经济秩序也限制了其他经济主体的出现。

政府强制性垄断经营公共品供给造成的低效率现象，笔者在第 3 章对政府预算的分析中已作过介绍，图 3-2 为我们揭示的一个重要结论就是：在垄断的公共品供给市场，政府的均衡产出会高于最优水平，造成资源的浪费。我们将这一结论放到具有不同的需求弹性的公共品上，如图 4-2，高弹性公共品 A 的需求曲线为 D1，低弹性公共品 B 的需求曲线为 D2，在共同的预算约束 d 下，公共品 A 的成本为区域 oaed，公共品 B 的成本为区域 obed，可见，公共品的弹性越低，也即越接近纯公共品，给政府带来的成本越高（这是由与纯公共品的资产专用性更高、信息传递更加困难等原因造成的），在既定的预算约束下，政府没有动力去生产低弹性的公共品，这解释了为什么一些纯公共品往往存在供给严重不足。而并不是尼斯坎南所认为的所有的公共品都是过度生产。

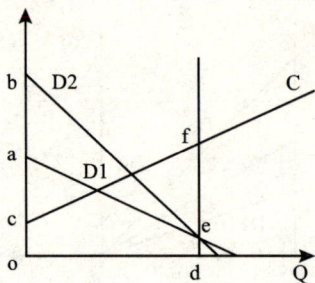

图 4-2　不同弹性公共品的政府均衡产出

　　对于具有自然垄断属性的公共品市场，如果自然垄断厂商是由政府来亲自经营的，对均衡产出会造成怎样的影响呢？自然垄断性公用事业行业的特点是由一个供给者提供该产品成本最低，如果允许该提供者完全按照市场规则行事，它们必然凭借其垄断地位向消费者索取垄断价格。如图 4-3 所示，AC 为自然垄断厂商的平均成本，MC 为边际成本，DD 为需求曲线。从全社会资源最佳配置的角度看，应按照边际成本定价，最优价格和最优产出分别为 OP_0 和 OQ。不过此时价格低于平均成本，自然垄断厂商会发生亏损。从自然垄断厂商的角度看，它为了追求利润最大化，会按照边际收益 MR 等于边际成本 MC 的原则，将产量和价格分别定为 OQ_1 和 OP_1，自然垄断厂商将获得面积 P_1P_3BA 的垄断利润，而全社会将遭受面积 AEF 的福利损失。由政府来替代私人厂商进行经营的出发点是弥补市场失灵，将垄断利润转化为对社会福利损失的弥补。但是，由于在现实中，政府作为供给者所面临的供给约束只有上级的预算拨款，如果预算资金足够多，并且使用效率高，是可以弥补生产所需成本的，从而提高产出量。但是，预算资金在使用过程中总是低效率的，在预算软约束的情况下该现象会更加严重，因而这一理想状态无法实现，预算资金总是不足的，政府授权的国有企业会接受政府定价 P_2 或附近的一点，但是产出可能仍是 Q_1，造成公共品供给上的严重不足。同时，政府公营所存在的 X 低效率（李一花，2003），也会给生产过程带来额外的经济成本或社会成本，为了弥补这一成本，政府势必会申请更多的预算拨款，造成更多的资源浪费。因此，由于政府只受到来自预算的一种约束，使得均衡产出带有更大的随意性，效率的改进更多依赖于监督机制的健全。

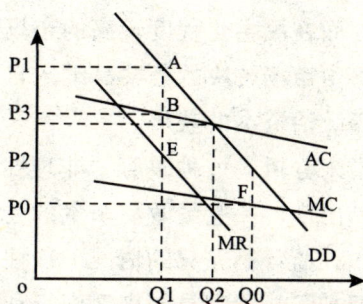

图 4-3 自然垄断行业的均衡产出

4. 2. 1. 2 契约安排方式及效率

1. 契约安排方式。当政府作为公共品市场唯一的供给主体时，产品的生产直接由政府经营。因而，政府拥有该类公共品供给组织的完整产权和相对完整的经营权。对公共品供给拥有完整的产权和经营权的原因很多，可能是因为该类公共品资产专用性很高，一体化供给方式更符合效率原则；也可能是供给信息容易在授权者和被授权者之间发生严重不对称，一体化方式能更好地实现激励机制的建立；或者是产权拥挤性公共品，政府无法对其剩余产权进行重新配置；或者是为获取选民支持，通过直接控制得到更多政治资本。这种合约安排方式又可分为二类：（1）直接经营，这是公共品供给中完全由政府一体化经营的极端情况。政府机构直接负责和管理公共品的供给，作为公共组织，政府可能并不是法律意义上的经济实体，也无所谓产权。（2）拥有法人资格的独立经营，这类公共机构通常是政府的下属经济实体，在法人治理中具有某些独立自主权。例如，我国计划经济时期的国有企业，在自然垄断行业中由政府完全控股的企业组织。

2. 政府行为异化中的效率分析。政府拒绝与外部者合作，独自提供一切包括市场能够轻易提供的公共品，这一行为本身就是非理性的，造成资源配置和生产的低效率。例如在计划经济体制下，工业化公共品就是为实现政府重工业优先发展的战略目标而由政府完全提供的，其他一些非工业化公共品也是由政府能够完全控制产权的国有企业供给的。而在民主化程度较高的市场经济体制下，政府有时也会将一些能够由市场解决的公共品纳入自己的范围，目的是为了增加地方就业等政治资本的获得。

从制度环境因素来分析，该种政府"非理性"的供给方式在制度不稳定时期最容易出现，一些绩效易衡量的公共品能够更便捷地提高政府官员福利，在监督不完善的情况下往往被过度供给。而一些本该由政府负责但却不能给官员带来客观福利的公共品有时却被过度市场化，政府或者放任自流，或者采取特许经营的方式授权于某些利益集团以达到寻租的目的，导致供给效率低下。

4.2.2　作为竞争性供给者的生产行为

成熟的竞争性公共品市场不同于竞争性的私人品市场。对同一种公共品，政府一般不会与其他供给者形成竞争性的生产关系。如果私人厂商能够有效供给一种公共品，政府则会退出该市场，承担起作为市场裁判员应尽的其他职责。如果有可能存在竞争的话，通常是发生在因为政府自身角色定位的混乱而"越位"于公共品供给市场，或为了与民争利、或为了获取政治资本而"插足"于其他供给主体之间。

4.2.2.1　竞争性公共品市场特点

对于那些资产专用性低、生产信息传递便捷、产权分配空间宽松的准公共品，市场化能力较强，更容易形成竞争性供给市场。我们以俱乐部产品为例，俱乐部产品具有的共同特点是有排他性而无竞争性，但随着消费者人数的增加会出现拥挤现象，即边际拥挤成本不为零。因此可以通过合理的准入性收费确定合理的规模，然后俱乐部成员共同承担费用，共同享受利益。以桥梁为例，图4-4说明的是一座拥挤的桥梁的需求状况，DD、MR、MC_P分别为需求曲线、厂商的边际收益曲线和边际生产成本曲线，Q_Y为拥挤线，Q_C为通过能力线。拥挤线与需求相交，表明在一定的价格下，可能产生拥挤现象。当拥挤现象产生时，厂商的边际生产成本仍然为零，但由消费者承担的拥挤成本却增加了（边际拥挤成本线为MC_C）。此时如果仍免费供应，就会出现过度消费。价格为零的通过量将达Q_1，此时因过度消费带来的社会福利的净损失为三边形EQ_1B的面积。避免过度消费的一个行之有效的办法是收费，可按照边际拥挤成本确定其价格水平，即均衡价格P^*和均衡产量Q^*应由边际拥挤成本线MC_C和需求曲线的交点E所决定。可见，相对于纯公共品而言，该类公共品比较容易确定边际成本曲线，因而其价格是可以较准确地确定的，在技术上也可以解决对消费者的收费难题。这些都具备了运用市场机制实现该类公共品供给的条件，为多元供给主体的进入提供了便利。

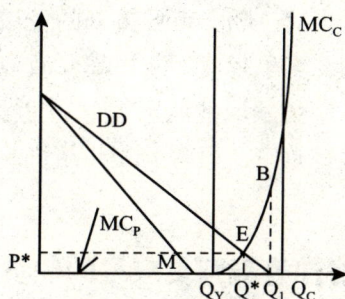

图4-4 拥挤的桥梁

竞争性公共品市场具有政府垄断市场无法比拟的优势。在这样一个市场中，准公共品能够通过居民的购买行为（受益付费）形成价格机制，从而有效地影响供求关系的变动，为生产者的生产决策提供及时、有效、廉价的需求信息。在价格机制能够发挥作用的领域，市场机制能够找出有限的资源用于任何两种物品生产的边际替代率都相等的均衡点，使两种物品的边际替代率等于其价格比率，从而使市场机制具有长期的资源配置效率。私人厂商完全拥有该项公共品供给相关的全部资产，当然也包括自主经营权。在竞争压力和追求利益最大化的双重驱动下，生产者会自动降低产品的生产成本，改善产品质量。

4.2.2.2 政府作为竞争者生产行为的低效率

政府"越位"于竞争性公共品市场，将自己作为一个完全的经济主体，参与其中的具体生产过程，是一种非理性行为。因为政府毕竟不是独立的经济实体，它与其他主体之间的竞争关系难以形成有效的激励机制以改变自身的劣势，因而不可能形成如私人品市场那样的良性有序竞争。但是由于政府自身角色定位的混乱，会无视这种行为的非理性逻辑和危害性后果，强行参与的结果只能导致资源的浪费和供给的低效率。但是现实中，这种例子却并不少见。如我国经济改革初期，国营企业生产行为的低效率为人们所诟病，但政府集管理者和经营者双重角色于一身的角色定位使其认为政府经营公共品生产是理所当然。随着市场体制的发展，其他经济主体在公共品市场不断进入，竞争程度不断提高，政府经营的劣势也愈加明显，不得不在很多市场领域悄然而退。20 世纪 80 年代席卷西方社会的私有化浪潮，是政府在很多准公共品供给领域让位给私人厂商的显著案例。

4.2.2.3 政府作为裁判员应尽的职责

既然某些公共品能够通过私人厂商实现有效供给，政府就应该担负起裁判员的职责，对公共品私人供给实行有效管制，规范市场秩序，保证市场的良性运行。相关的职责包括：提供必要的信息服务，维护竞争秩序，建立科学的绩效评估体系，制定必要的质量标准，合理定价，控制价格水平，保证消费安全，规范企业的各种行为，等等。

4.2.3 作为"混合型"供给者的生产行为

自然垄断程度极高的纯公共品和市场化能力强的准公共品毕竟比较少见，在公共品市场上，出现更多的是介于二者之间的那些公共品，既不能由政府垄断经营，私人厂商又无法独力承担，二者必须要以某种形式合作。因此要想提高政府供给公共品的效率，改善政府内部的管理模式只是问题的一方面，更重要的是在公共品市场中引入竞争机制，打破政府垄断的格局，通过政府与其他经济主体多元化的契约合作方式，建立起多层次、多元化的供给体系，实现政府与其他经济主体的优势互补，实现公共品的有效供给。这也是为世界各国实践所证实了的。

4.2.3.1 "混合型"公共品市场的特点

高度垄断性和高度竞争性的公共品市场是两种极端，更多时候，政府是以"混合型"供给者的身份出现在公共品市场上的。在该类型的公共品市场中，政府不再是唯一的供给主体，其他经济主体也同时并存，并引发了三个深刻的变化：一是生产要素的来源多元化了。除了上级拨付的预算资金、政府向消费者征收税费等外，还有私人资本，这使政府所感受到的预算压力增加了，竞争格局可以对政府提高自身的生产效率形成有效的激励机制；二是政府可以与其他主体采取合作方式，充分利用各自的优势互补，形成多层次、立体化的公共品供给体系；三是多元化的供给方式降低了公共品消费者信息的获取成本，消费者的需求更容易满足，社会福利水平得以有效提高。

要实现政府与私人经济主体的合作，必须准确判断"混合型"公共品市场的特点，以便相应地采取产权和经营权的最优契约合作方式。判断"混合型"公共品市场中政府与私人合作能力的指标大体有以下几种：（1）垄断程度。这可以根据传统的自然垄断特性来衡量：①规模经济性。即自然垄断企业的平均成本会随产量的增加而持续下降，如果把某种产品的全部生产交给一家垄断企业来进行，对社会来说总成本最小；②大量的沉没成本。自然垄断产业，巨大的沉没成本构成了较高的进入壁垒；形成垄断的诱因还有成本是否具有弱增性、消费者的偏好和产品质量等因素（于良春，2004）。可见，对经营公共品的成本进行详细考察是政府确定采取何种策略合作行为的前提，如果成本的可控性差，则需要政府保持在合作中的主导地位或对厂商的经营权采取强有力的规制措施。（2）产品外部性。具有明显外部效益的公共品，消费过程具有相当程度的排他性。如教育、水气电暖、垃圾处理、污水处理等这些具有明显正外部效益的公用事业，所生产的社会边际收益要远远大于私人边际收益，在经营过程中，单靠对消费者的收费很难弥补成本。对这类公共品，政府在将财务风险转移给私人厂商的同时，尚需承担部分风险，即利用财政补贴等方式保证产品生产的顺利进行。（3）受益范围。有些公共品的受益范围具有地域性特点，并与行政辖区发生冲突，或者关系到国家安全问题，如水资源治理，市场化能力比较差，管理有较大难度，很难引入私人资本，需要政府采取慎重的合作方式，保持绝对的控股地位。（4）所需考虑的公平性。对消费者而言，不同的支付能力等因素形成差别较大的公共品购买力，因此，对人们生活必需的公共品，政府要掌握产品定价等具体经营权力，以保证低收入者能够消费得起这类公共品。

上述四种指标共同决定着公共品的市场化能力，也决定了政府与私人厂商的具体合作方式，即各自在产权、经营权等方面的地位权重等问题。随着公共品市场化能力的逐渐加强，政府可以依次放弃部分经营权、全部经营权、部分产权以致全部产权。

4.2.3.2　政府与其他经济主体的策略合作行为

政府作为"混合型"的供给者，由直接生产公共品变为间接生产，要通过与其他主体采取合作的方式得以实现。政府与其他主体的合作方式可以有四种制度安排（卢洪友，2002）：（1）与一个私人企业签约；（2）与另外一个政府单位签约；（3）从其自己的生产单位得到一些公共品，而从其他政府或私人生产者那里得到其他的公共品；（4）确立得到授权的公共品的生产者必须遵循的服务标准，并允许每一个消费者选择零售商，并从得到授权的供给者那里得到服务。在具体的分析中，我们可以根据政府所掌握的经营公用事业企业的产权和经营权的完整性，将其归结为以下两种策略合作方式：

1. 政府仅拥有产权，经营权交由私人运营商之类的外部合作者。这是对公用事业实现间接管理的一种方式。政府机构拥有了一个外部合作者，在控制产权的前提下将经营权交给该合作者，由其来管理。该合作者应该是具有独立法人地位的诸如私人运营商的私人组织。在该种治理方式下，经营权不再由政府完全控制，而是进行了重新配置。从剩余产权配置分析框架解释，公共品和服务的外包是公共决策在提供公共品和服务的质量和成本之间的一种权衡。由于政府自身作为供给公共品组织缺乏对供给行为的剩余控制权，因此不存在降低成本的激励机制，对它而言，质量指标比成本指标更重要。而私人机构更关注成本。因此，当公共品的资产专用性不很高，并且不确定因素较小（如公路等基础设施的建设不会受到当地诸如气候、人口等因素变化的影响；而对城市供水服务而言，气候、人口的变化等因素会加大不确定性，如果不确定性大，运营商会因过于关注成本而使质量下降，从而影响政府的政治资源），通常会采取将剩余产权或经营权交给政府组织以外的机构来控制以实现间接管理的目的。

在这种契约合作方式下，可以产生两种不同的政府治理行为：（1）利益相关型治理。政府仍拥有产权，并承担投资和财务风险。合作者掌握具体的经营权，对组织进行经营和管理，并参与公共品或服务价格的确定，根据所提供的服务获得一笔固定的报酬，通常还会根据绩效情况得到一定收入补偿。（2）直接经营型治理。这是根据激励机制的不同对上一种契约合作方式的延伸。拥有了经营权的合作者不参与价格的设定，而是依其所提供的服务获得一个固定的报酬。这使得两种合作方式在激励机制上产生了本质上的差别。

2. 委托管理。这是一种将经营权和部分产权交由受托人的治理方式，运营商拥有受长期合约保护的决策自主权。通过产权的部分外移，政府可以灵活应对对投资和财务风险的承担责任。在该种契约合作方式下，也有两种不同的治理行为：（1）租赁。政府将经营权和部分投资委托给受托者，并详细规定相关目标和限制，政府仍要负责主要投资并承担财务风险。（2）特许经营。政府通过长期合约将投资和日常经营等都委托给受托者，受托者承担财务风险，合约期满后，所有投资形成的资产仍归政府所有。通过产权的部分转让，政府引入了多元化的投资主体，这往往是在政府受到资金约束的情况下优先选择的治理方式。公共品特许经营是与 BOT 投融资模式紧密相连的，表4-1展示了 BOT 的具体实践模式，我们可以清楚地观察到政府与私人厂商在产权和经营权的重新配置中的具体合作模式。

表4-1　　　　　BOT 投融资模式的变异模式举例

缩写名	英文全称及含义	与 BOT 典型形式的区别
BOOT	Build-Own-Operate-Transfer 建设—拥有—经营—转让	项目设施建成后归项目公司所有
BTO	Build-Transfer-Operate 建设—转让—经营	项目设施建成后由政府先行偿还建设费用而取得所有权，然后由项目公司租赁经营
BOO	Build-Own-Operate 建设—拥有—经营	不转让项目设施财产权
ROT	Renovate-Operate-Transfer 重整—经营—转让	对过时、陈旧的项目设施、设备进行改造更新，经营若干年后再转让
POT	Purchase-Operate-Transfer 购买—经营—转让	由投资者购买基础设施项目的股权
BOOST	Build-Own-Operate-Subsidy-Transfer 建设—拥有—经营—补贴—转让	授权期内政府提供一定的补贴
BLT	Build-Lease-Transfer 建设—租赁—转让	项目设施建成后发展商将其出租给政府经营，授权期满后，将项目资产转让给政府

资料来源：佘润申、朱红：《公共品特许经营的历史演进》，载《城市管理》，2004年第2期，第47～51页。

4.3　公共品的分配行为

对公共品的分配是政府供给行为的最后一个环节。社会产品分配的公平和效率原则也同样适用于公共品。但是公共品的社会属性对分配中的公平要求更高，公共品筹资的特点导致了"等量贡献获取等量报酬"的效率原则在实践中的困难，这都要求政府必须参与公共品的分配，利用政府政治权力的强制性优势实现上述两大原则。对不同的公共品，政府的分配方式和参与分配的程度是不同的（雷晓康，2005）。对由政府供给的纯公共品来说，全部由政府来分配，对准公共品则是部分由政府来分配的。下面笔者将分别探讨这两种政府分配方式中公平和效率问题。

4.3.1　公共品分配的原则

4.3.1.1　纯公共品分配的公平与效率

公共品分配是否合理是其社会属性能否得到实现的保证，这对于一个正处于民主化进程中的社会显得格外重要。对纯公共品而言，它的分配目的是要提高全民的福利水平，因此可以将其受益对象看作是同质的消费群体，只要在分配中保证"人人受益"就可以实现公平分配。由于纯公共品的受益范围通常较大，涉及的消费群体种类较多，因此，要格外注重资源分配中的城乡公平、地区公平、消费者阶层公平等。纯公共品的特性决定了很多时候不能遵循"等量贡献获取等量报酬"的效率原则，不能因为穷人缴不起税就剥夺他享受公共品的权利。例如面向全民的公费医疗，专门针对低收入者的救济计划。纯公共品的分配就是要"劫富济贫"，因此，分配中的公平性是第一位的。

但在很多时候，政府并不像人们想象的那样担负起公平分配纯公共品的职责。特别在民主化程度相对较低的社会，政府总是有意无意地"忽略"了对弱势力群体必要的"关怀"。例如，对于关系全民利益的义务教育的支出，政府显得比较"吝啬"，而对高等教育的拨款却节节攀升。有资料显示，在我国，中央和省一级政府承担的比例约占义务教育总经费的2％和11％，其余87％落在财力最为薄弱的县级政府头上。上海的义务教育在校学生人均经费为每年6000～7000元，而贵州省还不到1000元。[①]义务教育和高等教育之间也存在不公平现象，高等教育更容易得到政府拨款，在我国高等教育、中学、小学三个阶段的政府投入比例为10：2：1，[②]这在全世界来说都是很高的，是以牺牲义务教育为代价的。

这一现象与政府自身易受利益集团影响有关。政府作为人类社会的组织，其内部充满了不同利益集团的争斗，这些利益集团代表社会不同的群体，社会群体之间在优势上的此消彼长影响着政府组织对公共品在社会大众中的分配。如果一个政府的权力阶层被相关利益集团收买或俘获，那在公共品的分配中势必会偏向于该利益集团，而忽略其他群体的需求。而现实世界中，通常是社会强势集团在左右着政府的行为，因此，政府在公共品分配中出现偏向强势群体、忽略弱势群体的现象也不足为怪。这种现象只能通过提高社会的民主程度来优化政府的分配行为。

4.3.1.2 准公共品分配的公平与效率

准公共品资源的有限性决定了社会成员只能以竞争的方式来获取。因此，"等量贡献获取等量报酬"的效率原则就上升到了重要地位。不同的消费者对准公共品的偏好、消费者个体禀赋差异以及支付能力的差异，使准公共品的受益群体不再是同质的，出现了分化，对公共品的需求呈现多元化。政府在对该类公共品进行分配时，要针对不同情况采取不同的策略。如果消费者因个

---

① http://learning.sohu.com/20051104/n240653949.shtml.
② http://www.china.org.cn/chinese/OP - c/1001875.htm.

人禀赋的差异不适合消费该类公共品，但消费者自己并不清楚，而"多多益善"的消费偏好使之可能会盲目消费该类公共品，致使有限的资源更加短缺。对此，政府可以设计消费障碍将其自动排斥在消费范围外。例如，针对高等教育的高考制度，就将部分社会成员排斥掉了。对于消费者的支付能力来说，通过设计合理的收费，既补偿了公共品的生产成本，又限制了消费者的消费量。

以上是针对效率而言的，但一定程度上却导致了不公平。因为"等量贡献获取等量报酬"中的等量贡献，是一个复杂的概念（易湘良，2004），不仅仅指消费者能够贡献多少产品资源，而且还指消费公共品所产生正外部效应。因此单纯的收费制度，或者其他的一些排他性制度可能会将一部分潜在的消费者排除在外。此外，消费公共品给消费者自身带来的外部效应会进一步分化消费者群体，拉大社会成员之间的差距。例如，针对教育，如果完全按照贡献回报的原则来制定分配原则，那么社会成员中那些"能力强"、"学业优秀"，或愿意提供更高补偿成本的部分人员可享受更好的高等教育机会，从而获取更多的未来社会回报；而那些学习能力弱或由于在物质分配中处于弱势地位因而不能承担高等教育成本补偿的社会成员，则不能享受高等教育机会，从而在未来社会竞争中与享受了高等教育的成员相比，处于更加不利的地位，不仅不能消除社会的不平等，反而造成社会成员之间更大的差距。

4.3.2 公共品分配的手段

4.3.2.1 税收和转移支付

税收将公共品在社会成员之间进行配置，以帕累托效率原则提高社会大众福利水平，通过税制设计，起到公平消费者收入分配的目的。利用累进的所得税可以"劫富济贫"，降低高收入者的过高收入。但是税收的累进性也不能太高，否则会打击劳动和投资的积极性。税收支出可以通过对许多纳税项目给予不予课税、税额抵免、所得扣除等特殊规定，增加低收入阶层的实际收入。遗产税和赠与税可以防止财富过度集中，缓和分配不公。通过财政的转移支付将公共品资源转移到低收入者手中，公平消费者之间的收入差距，提高低收入者的支付能力，使高收入者和低收入者都能够消费得起同样的公共品。各国通过财政转移支付之间建立的社会保障制度，可以使劳动者在年老、疾病或丧失劳动能力以及其他生活困难时，从国家、社会或其他有关部门获得收入补助。例如，我国实行的农村救济计划针对的"五保户"，可获得食品、衣服、住房、医疗，以及丧葬费、教育（对孤儿）的保证。该计划由省级政府提供大部分财政资金，但也从其他来源接受捐赠。乡级政府使用县局分配的资金为救济对象购买必需品（包括粮食、衣物和毯子）。当然转移支付的力度也需要一定的限度，适当地保持消费者之间的收入差距是维持一个社会动力的必需。

4.3.2.2　公共定价和财政补贴

政府对消费者征收所得税只能产生收入效应，对公共品合理定价还会产生替代效应。通过对消费者适当的、一对一的公共收费，改变消费者在公共品消费上的支出格局，可以防止"搭便车"行为，限制消费者对公共品的过度消费，防止有限的资源更加短缺。很多经济学家对通过公共定价实现公共品在消费者中的分配提出了不同的分析模型，其中较有名的有以下两个。[1]

Munasinghe 和 Warford（1978）模型所考虑的是受变动预算限制的服务，亏损靠财政补贴。这些资源的机会成本通过公共资金的影子价格来反映。收费为用户收费，但根据用户收入的不同而不同，从而产生用户之间有交叉补贴的情况。这种收费制度有利于低收入阶层。这种收费制度确定的最佳服务价格与效率价格（按边际

---

[1]　详见罗伊·巴尔和约翰尼斯·林：《发展中国家城市财政学》，中国财政经济出版社 1995 年版，第 165～170 页。

成本定价）不同。对每个阶层收取的价格背离边际成本的方向与程度会随着公共资金的影子价格、消费者收入、收入分配的平均程度、需求价格弹性的不同而不同。假定公共需求不是一种低等品的需求，只要消费者的收入水平高于或者低于"临界收入水平"（在此水平上公共收入的效用与私人收入的效用一样），社会最佳价格就会高于或者低于边际成本价格，对公共收入的贴水越大，最佳价格就越高；收入分配的差异越大，最佳价格调节收入的力度就越大。

Feldstein（1972）模型包括了两种服务，每种服务的所有消费者都适用单一费率，允许两种服务间交叉补贴，但存在目标盈余或目标亏损（体现公共收入的影子价格）的预算限制。他确定了一种与前一模型相类似的边际效用函数，据此得到收入分配的权数，从而求出每种商品的最佳价格和交叉补贴的最佳幅度。该模型得出以下四个结论：（1）服务的收入弹性越高，价格弹性越低，征税应当越多；（2）高收入弹性、低价格弹性的服务用户应当交叉补贴给低收入弹性、高价格弹性的服务用户；（3）如果有较大的目标盈余（即有较高的公共收入贴水），那么由低收入阶层（收入弹性较低）较多消费的服务价格相对于别的服务价格趋于上升；（4）收入不平等性越大，收入再分配的权数越大，对较高（低）收入弹性服务的税收（补贴）就越多。

上述模型针对准公共品的定价原则，从公平收入分配的角度提出了政府利用价格机制在不同的消费者之间分配公共品的政策建议，即对基本性公共品实行低价政策，对高档公共品实行高价政策，以缩小贫富差距。但是这一方法比之税收杠杆会较大地改变消费者的实际购买力，相对强制性地改变其支出结构，造成一定的效率损失。

第 5 章

政府的融资行为

　　政府融资行为①是对公共品供给的筹资过程，也是政府供给公共品决策过程的一个重要组成部分。在不同的融资制度及融资结构下，政府对资源配置的控制能力是不同的，而融资方式又会扭曲供给行为，降低社会福利，这些都会影响到政府的供给规则及效率。笔者主要将目光集中于不同的融资制度，考察政府作为唯一的融资主体下的单一融资制度和政府与私人共同参与的多元化融资制度各自的运行机理，和二者之间的制度演变；以及在上述两种融资制度下各种融资方式的经济效应。

5.1　政府公共品的融资方式及制度演变

　　综观世界各国公共品的融资方式演变，大致都经历了由最初的政府为主要融资主体向多元化融资主体发展的历程。这种演变的内

---

　　① 政府的投资行为和融资行为是两个不同的概念。前者是指政府利用财政拨款，将预算资金投入公共品供给，投资资金的使用是无偿的；后者强调资金的有偿使用，政府的税收、银行借款、公债等都属于融资行为的范畴。本书所分析的计划经济时期政府筹集资金的行为，从其无偿使用来看，更多程度上应属于政府的投资行为，但是从其具体的运作模式来看，也可以将其归为一次总付税。因此，笔者将上述两种行为统称为政府的融资行为，但在分析过程中，更侧重于后者。

部诱因大多来自政府自身的财政压力，而对社会稳定等因素的考虑则构成了融资方式多元化的外部压力。

5.1.1 政府的公共品融资方式

根据公共品供给主体的不同，公共品的融资方式大体有两个渠道来源：一是内源性融资，是公共品的直接筹资，包括政府税收、公共收费，共同形成政府的预算资金，成为公共品供给的资金要素来源，并体现在政府的财政支出中；一是有外部资本参与的外源性融资，是公共品的一种间接筹资，包括政府借款、政府公债、私人资本、外资等，与多元化的公共品供给机制相配合。

5.1.1.1 政府税收

政府税收以其强制性和固定性等优势成为政府筹集公共品供给资金的首要选择。政府凭借行政特权，以法律的形式直接向选民征收税收，不论纳税人的经济、社会地位如何，财产数量多少，都必须按照法律程序向政府交纳税收，避免了公共品的"免费搭车"问题。同时，税收渠道和数量的固定性保证了政府可以为公共品的供给获得稳定的收入来源。因此，税收收入是政府内源性融资的主要方式。

5.1.1.2 政府公共收费

政府公共收费是指政府以向公共品的消费者收取一定费用的形式进行融资。政府收费作为公共品的定价（费希尔，2000），主要针对的是那些排他性较强、受益群体比较明确的公共品，并且这些公共品要有较大的价格需求弹性，有利于政府通过收费实现公共品的有效分配。可见，政府收费是一种限制性较强的融资方式，受技术进步、消费者偏好等个人禀赋以及政府征收能力等主客观因素的制约，但是，因其符合"等量贡献获取等量报酬"的原则，有助于提高公共品筹资和分配的效率，较适合地方性公共品，在很多时候是政府融资不可或缺的补充。

5.1.1.3 政府公债

政府公债是政府通过举债的方式筹措资金。以美国为例，根据借债时间是否超过一年，可以分为短期公债和长期公债，长期公债又可根据担保情况分为一般性契约公债和收入公债。前者以政府税收作担保，后者以某种收入来源作担保。政府公债的优越性在于发行期和偿还期存在时间间隔，可以跨期分摊成本，因此可以满足那些初始投资巨大、受益期限长的资本性公共品，如公路、铁路、水运等基础设施建设。政府公债减少了公共品筹资对政府收入的依赖程度，在不影响政府收入的情况下利用公债市场筹集大量资金，成为实用性较强的政府公共品融资方式。

5.1.1.4 政府借款

以我国地方政府为例，政府借款主要指政府作为债务人，向国际金融机构或外国政府等借款、向国有商业银行借款以及中央国债转贷。这些方式基本上是凭借政府信用来取得资金，较易取得，但融入资金有限，还款压力大，且存在着相当大的债务风险。向国际金融机构或外国政府借款需要承担较大的汇率风险；向国有商业银行借款，一般来源于国家政策性银行，使用方向有严格限制，侧重于全国性基础设施建设项目，对地方性公共基础设施建设的投入很少；中央财政发行国债后再转贷给地方（由地方财政负责还本付息），地方为取得大量的转贷资金，缺乏对公共项目成本收益进行认真筛选的动力，而且地方的配套资金落实困难，造成国债资金不能取得应有的效益，资金成本很高。因此，政府借款不作为主要的融资方式，只是一种不得已的补充。

5.1.1.5 私人资本或外资的引入

除了政府筹资外，公共品的融资来源还包括社会资本，如民间私人资本和外资等。根据主体的不同，可分为两类：（1）政府与私人共同参与，如投资参股、无偿赠款、提供优惠借款、提供借贷担保、无偿或低价提供土地和减免税收等方式。（2）政府规制下的私人投资。政府授予私人特许投资权，然后对其价格、数量、利润等方面进行一定的管制，投资者自担投资风险。（3）在政府允许的条件和范围内，完全由私人投资。企业融资手段有自身赢利、银行、企业债券、股市等；非官方机构的融资手段有社会募捐、捐赠、国际 NGO 赠款等；个人融资手段有自身积累、银行或个人贷款。

民间资本与公共资本的合作在制度上不断发生着创新。以基础设施的投资和运营为例，就有 BOT（建设—运营—移交）、准 BOT、TOT（移交—运营—移交）、转让产权、联合、联营、集资、入股、发行市政债券及信托基金等多种方式。这些方式在引入资本的同时也对公共品的供给产生了不同的经济效应。

5.1.2 政府公共品融资制度的演变

公共品的融资方式可谓多种多样，随着经济的发展，将会有更多的方式创新供政府选择。但是，如果将上述融资方式纳入到不同的融资制度下，会使各自的融资效果发生巨大变化。我们以计划经济时期政府作为唯一的融资主体的单一融资制度和向市场经济转轨过程中多元化融资制度为分析对象，考察两种制度环境下政府融资行为的演变，为下一节对融资方式效率的分析提供制度背景。

5.1.2.1 政府作为唯一的融资主体

如果政府是经济生活中唯一的公共品融资主体，构成公共品资金要素的只有内源性的政府财政收入，如政府税收、公债、公共收费等。这种情况在市场经济不发达的传统社会中是普遍的政府融资方式。单一的融资主体，使得公共品资金来源渠道狭窄，方式单一，政府如果想获得足够的财政收入以满足公共品的供给，必须有强大的力量控制全社会的大部分资源，运用政治权力的强制性向公民直接征收，也包括对公民劳动力等要素的直接获取。比如在我国自然经济时期的封建社会，历代王朝所实行的租庸调制、一条鞭法、摊丁入亩等，封建君权的独裁性决定了其中仅有极少的部分被用于公共品的供给。我国计划经济时代，政府在一定程度上延续了封建社会筹集资金的方式。在中央集权的计划管理模式下，财政部门采取"统收统支"的筹资方式直接为公共品融资：国有企业将生产所得利润的大部分直接向政府财政部门上缴；虽然不存在向居民征收所得的税种，但是企业所上缴的利润已经包含了工人的一部分个人所得；对农村居民除了征收农业税等几个税种做点缀之外，大部分以上缴实物（公粮）的方式筹措生产要素。这些征集的要素被迅速地投入到重工业生产中去，当然相当一部分也用于公共品的生产；政府还经常以政治动员的方式征发劳役，进行水利、交通等基础设施的建设。政府作为唯一的融资主体下的公共品融资方式具有全国性、单一性和强制性的特点，融资能力是强大的。但是随着经济水平的不断提高，人们对公共品质量、数量和品种等方面的要求也在不断提高，单纯的政府融资已不能满足公共品支出的迅速膨胀，单一的政府融资方式急待变革。

5.1.2.2　向多元主体融资制度的演变

随着市场经济的发展，消费者群体逐渐分化，居民辖区的地域性差异开始显现，对公共品需求多样性的呼声使执政者的目光开始由供给转向需求，这些都推动了政府治理结构由集权向分权的转变。对转轨经济来说，政府在公用事业中融资方式的演变包括两个方面：一是政府自身投资方式由行政指令到财政、税收等正规方式的转变，二是对民营资本在引入方式上的制度创新。20世纪80年代的两步"利改税"以及后来的分税制改革，使政府在融资方式上完成了由直接征收企业利润、对农村居民强制性的实物征购以及劳动力的直接征发向采取税收等间接的、市场化的经济手段的转变。打破了单纯依靠政府财政资金的融资模式，通过引入外源性资金，如民间资本、外资等，拓宽了融资渠道，壮大了融资规模，实现了多元化的融资机制。

多元主体融资制度出现的原因固然有市场化程度提高所创造的制度环境，但究竟为何政府在变革中会主动引入其他融资方式，除了制度转型带来的财政压力外，[①] 是否还有别种原因？笔者给出以下分析。

假定随着消费者对公共品多样化需求的增加，单纯的政府供给已不能满足。行政分权的改革也使政府从中央到地方均面临来自财政的压力。财力上的不足、供给能力的乏力使政府必须通过其他方式保证公共品的供给水平，因为在制度变迁过程中，执政政府往往比其他时期更面临存在合法化考验，因此更关心公共品总量，因为供给越多，才越有可能保证社会的稳定。但是财政的压力又使其尽可能缩小在公共品上的预算支出。因此政府的效用函数表示为

$U(G, C)\left(\dfrac{\partial U}{\partial G}>0, \dfrac{\partial U}{\partial C}<0\right)$ 其中 C 为生产成本，即预算支出。政府为了决定应该供给多少公共品，除了财政支出的资本份额外，要依赖其他融资方式供给量的预测，假定政府预期其他的贡献量为 $\bar{g}_2$。因此，$G(\theta K, \bar{g}_2)$，$C(\theta K, \bar{g}_2)$。$0 \leqslant \theta \leqslant 1$，表示政府财政融资和其他融资各占的资本份额，$\theta K$ 表示政府提供公共品的财政支出，值越大，说明社会的计划程度越高，政府在公共品生产领域所占的份额越多。一般来讲，政府垄断产权的规模越大，可获取的经济租金越多，对经济剩余的支配能力越强，收益越多，但支付的成本也越

---

① 张宇燕、何帆（2003）认为，在传统计划体制国家向社会主义市场经济的过渡时期，治国者为了维护一定的理性水平，需要随着时间的推移提供越来越多的公共产品，这就造成了财政压力，财政压力积聚到财政危机时，国家开始寻求改革，财政压力决定了改革的起因和路径。安体富、高培勇（1993）等人认为，我国进入 90 年代以后，迫于经济体制转轨以来的财政收支困难的压力，在财政收入占 GDP 比重持续下降并且短期内难有较大改观的背景下，理论界和政府部门越来越倾向于从财政支出规模的压缩上寻求出路。

多。因此，$\dfrac{\partial G}{\partial \theta} > 0$，$\dfrac{\partial C}{\partial \theta} < 0$。

$$\max U\left[G(\theta K,\ \bar{g}_2),\ C(\theta K,\ \bar{g}_2) \right]$$

一阶条件为 $\dfrac{\partial U}{\partial \theta} = \dfrac{\partial U}{\partial G} \cdot \dfrac{\partial G}{\partial \theta} + \dfrac{\partial U}{\partial C} \cdot \dfrac{\partial C}{\partial \theta} = 0$

假设政府供给公共品始终处于不足的状态，G 为社会总需求，则政府供给的公共品 g_1 处于有界闭区间 $[0,\ G]$。因此只要 $U(G,\ C)$、$G(\theta K,\ \bar{g}_2)$、$C(\theta K,\ \bar{g}_2)$ 为连续可导函数，$U(G,\ C)$ 一定有最大值。在 $[0,\ G]$ 内，解得 $\theta^* = F(\bar{g}_2)$。可见，外生变量影响最优解。事实上，政府在决定提供公共品时，必须考虑为其他资本形式留下空间，特别是在其他主体的生产能力 $\bar{g}_2$ 比较强大时，政府提供公共品的规模将会受到限制。即 $\dfrac{\partial \theta^*}{\partial \bar{g}_2} < 0$。但是，这一作用也是相互的，$g_2$ 的选择也与 $\theta[*]$ 相关，以为其他生产主体的生产决策往往是在政府决策之后，在 $\theta[*]$ 确定后留下的空间里进行的。可见，政府在公共品融资领域引入其他资本，不仅是因为财政压力引起的，也是政府出于保证社会稳定、巩固统治合法性以及私人资本规模壮大的必然抉择。图 5 - 1 显示了改革前后政府财政支出占国民生产总值的变化。从总体趋势上来看是在不断下降的。如图 5 - 2 所示，20 世纪 80 年代以来，在全社会固定资产投资资金来源中，国家预算内资金比例是在不断下降的，而自筹和其他资金的比例迅速攀升。

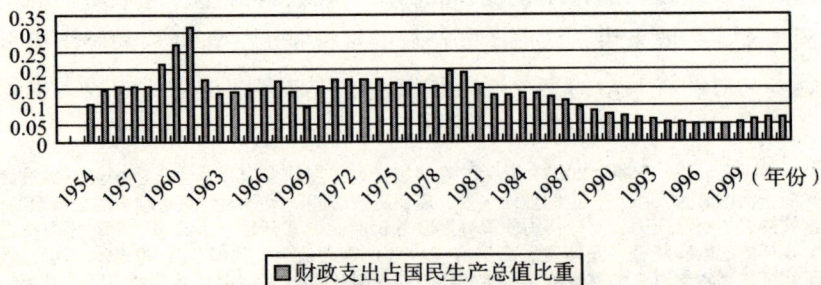

■财政支出占国民生产总值比重

图 5 - 1　财政出占国民生产总值比重

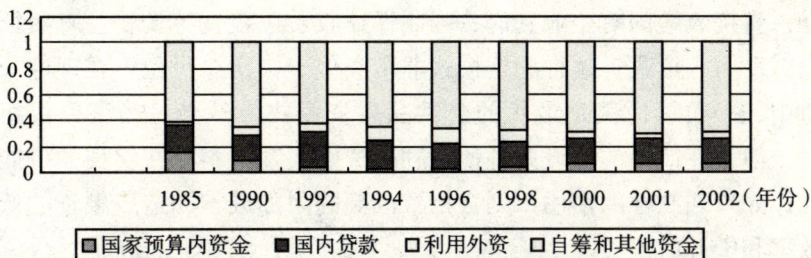

图 5 – 2　全年固定资产资金来源构成

由单一政府主体融资向多元化融资制度的变革产生了三方面的深远影响：一是政府摆脱了以往不稳定状态的融资方式，向制度化方向转变，这是政府自身角色由既是裁判员又是运动员向单纯的裁判员转变的重大的制度进步，融资方式的制度化为政府自身和其他经济组织的行为提供了可理性预期的工具，改变了以往朝令夕改的公共决策方式；二是政府丧失了以往强大的融资能力，这从政府财政收入的下降可以看出，填补空白的是民间融资主体的崛起，市场的或自愿的供给机制使融资中心和融资方式多元化、分散化。这有利于来自不同辖区、不同居民群体需求信息的有效传递，是实现公民呼声顺畅传达的起码制度上的进步。三是采取税收等制度化的融资方式有利于实现财政平衡原则，遵从谁缴费谁受益的规则，这为扩大享受公共品提供带来的福利的受众群体、公平公共品在不同社会阶层之间的配置提供了制度上的保证。

5.2　不同融资方式的经济效应分析

5.2.1　单一政府融资行为的效率分析

5.2.1.1　一次总付税的假设限制

计划经济时期，政府采取单一的"统收统支"的融资模式，例如，直接收缴国有企业利润，强制性征收农民粮食等实物，直接征发劳动力等形式。这种融资模式非常类似于一次总付税。在理论分析中，一次总付税是最优的公共品融资模式，不会对经济形成扭曲，但是，严格的假设条件使该种融资模式基本不存在实现的可能性，如果强制性的使用，则会招致巨额的附加成本，造成融资的低效率和资源的浪费。

因为一次总付税不会对经济造成扭曲，因此当经济中的私人部门因其他征税方式的存在发生扭曲时，该融资模式提供了一种把资源从扭曲部门转向公共品供给的手段。所以，在其他部门被扭曲的程度足够大时，移向公共部门的资源量就可能比在最优状态时要多，可能会导致公共品的次优供给高于最优状态下的供给（威尔逊，1991）。[①] 但是，一次总付税要成为最优的融资模式，严格的假设条件是消费者必须是完全同质的。如果放宽这一假设，消费者有差别性，则会引起扭曲从而影响萨缪尔森规则和供给水平（阿特金森和 Stern，1974），使得公共品的次优供给水平要低于最优状态下的供给水平。同时，成本函数必须是隐含可分函数，即作为生产者价格因变量的成本可以由各自的价格予以拆分，即 $P_i = c(p_1, \cdots, p_n)$，而且消费者的偏好 U 必须满足 $f[\phi(x, x_0, U), x_0, U] = 1$ 这种形式，在现实中任何一种商品都不可能满足这些条件。可见，单纯从经济学理论的分析来看一次总付税的公共品融资方式是最优的，但是因为实施条件的苛刻，使之基本不存在可行的价值，如果政府强制实行这一方式，必然招致融资的低效率。

5.2.1.2 来自政府行为的低效率

1. 单一政府融资行为会招致额外的经济成本和社会成本。一次总付税从理论上来讲固然完美，但如果加入现实世界中各种因素的合力，其结果可能与理论大相径庭。在现实中，政府为了巩固这种

---

① ［英］加雷斯·D·迈尔斯：《公共经济学》，中国人民大学出版社 2001 年版，第 273～292 页。

融资制度，往往还要做出其他制度方面的努力。由于单一的一次总付税融资方式只能出现在高度集权的计划管理的财政模式之下，首先，要人为制造出极高的制度障碍，禁止居民在辖区之间的自由流动，否则，政府就无法集中有限的人力资源服务于执政者的政治理想，如计划时代往往有严格的户籍制度，笔者都将其视为融资的一揽子制度构成。政府为此要付出较高的管理成本。其次，要强制性地同质化消费者群体，统一于执政者所偏好的公共品供给模式。因此，辖区居民必须要服从该制度，否则就要付出沉重的代价，如农村居民失去土地、城市居民失去福利待遇，并成为不被社会认可的"黑户"，这就是消费者的服从成本。同时，"统收统支"的融资模式无视消费者的真实需要，纯粹以政府偏好为供给原则，这必然会造成公共品供给的单一化、内部结构失衡。如城市国有企业职工享受的"从摇篮到坟墓"的福利待遇，而农村农户得到的公共品则少得可怜。

可见，由于多种制度的共生性，使得一种制度的存在必须与其他制度相依存，这本身就造成了对原生制度的扭曲，被动地增加了融资过程中的经济成本和社会成本，造成了资源浪费，降低了公共品的供给水平，削减了大众的福利。

2. 政府存在融资上的投机行为。在单一的政府融资的方式下，一种公共品会面临来自不同政府级次部门的财政拨款。赵宏斌和陈平水（2003）对政府在义务教育中的投资行为进行分析，认为中央、省、县三级政府在投资中存在投机行为。张维迎（1996）从博弈论的角度分析了在我国基础设施建设中，中央政府和地方政府在投资行为中的机会主义，也支持了这一观点。由赵宏斌和陈平水的分析结果可以看出，一级政府的预算拨款数量依赖于其他级次政府支出数量的多少，如果其他级次政府支出数量大，那么该级政府的财政资金划拨数量就会减少，政府之间在融资上出现了投机行为。由于缺乏监督，没有有效的法律和制度上的保障，处于权力结构上层的政府可以利用手中的权力随意削减对下级政府的预算拨款，而下级政府又可以利用信息不对称虚报实情，以骗取上级更多的转移支付资金。这种政府内在的制度缺陷造成了融资的低效率。

政府在融资中的投机行为还表现为政府财政收支行为的不规范。例如，我国政府除了正规的预算收支外，还有大量的预算外收支、制度外收支存在。形成这一现象的原因之一，就是政府在公共品融资中的乏力，狭窄的融资渠道限制了政府收入来源，在缺乏有效财政监督的制度环境下，扭曲性的官员激励制度促使政府利用手中的权力，积极寻求其他的融资渠道，以满足地方公共品的供给。在单一政府主体的融资制度限制下，政府通过预算外、制度外资金等非正规的融资方式来补充公共品供给资金的匮乏，也是不得已的理性选择。

表 5 −1　　　　我国政府预算外资金用于基本经济建设支出情况

年　份	1996	1997	1998	1999	2000	2001	2002	2003
预算外资金支出	1490.23	502.03	393.98	539.82	426.20	3850.00	3831.00	4156.36
财政总支出	907.44	1019.50	1387.74	2116.57	2094.89	2510.64	3142.98	3429.30
预算外支出占总支出比重	1.64	0.49	0.28	0.26	0.20	1.53	1.23	1.21

资料来源：《中国统计年鉴》(2005)。

3. 政府级次的增多会造成融资的低效率。这也是赵宏斌和陈平水（2003）得出的结论：随着政府级次的递增，对公共品融资的效率是递减的。假定中央、省、县辖区三级政府，各自追求公共品融资行为的效用最大化，每个行为主体的策略都是对应于该行为主体的最优策略，三个行为主体的最优策略组合构成一个策略集，即为纳什均衡。但是，这一纳什均衡不一定是帕累托最优解。结果表达式为：$G'/G = (\alpha + \beta)/(3\alpha + \beta) < 1$。其中，$G'$ 是三级政府的总投资，是三个行为主体的最优策略组合的纳什均衡，G 是县辖区公共品供给的资金需求总量，其值是满足社会福利最大化的帕累托均衡解，α 和 β 是参数。将纳什均衡与帕累托最优条件下的均衡相比，前者要小于后者，如果把三级政府假设为 n 级政府，则上面公式变

为 $G'/G = (\alpha + \beta)/(n\alpha + \beta)$，随着 n 是增大政府级次增多，其比值越来越小，说明对基层辖区公共品的投资，随着政府级次的递增（向下细分）其集资的效率递减。赵宏斌和陈平水的这一结论，隐含了一个关键性假设，而他们并没有在文章中明确指出，即公共品受益范围必须与行政融资范围相一致。如果公共品的受益范围大于行政融资级别，则会随着政府行政融资级别的增加效率降低。这一结论很容易被现实所证实。例如，我国的义务教育，由中央、省、市、县、乡五级行政财政共同承担，而县以下实际上主要由乡镇承担，在一些贫困地区，由于县乡基层政府财政困难，入不敷出，义务教育难以为继。义务教育属于全国范围的公共品，其筹资责任应当由中央或省级政府承担，这样才能最大限度地提高融资的效率和义务教育的办学质量。

政府级次的增多会造成融资低效率的另一个原因是委托—代理链条过长，信息传递成本过高，导致上级政府对下级的监督失效。基层政府所拥有的财源有限，而政府官员的自利行为驱使他更热衷于投资那些显著性的、绩效易衡量的福利性公共品（见前面对公共品种类的重新划分），以增加自己的政治资本。因此，在监督不力的情况下，基层政府利用手中的自由裁量权，大量供给福利性公共品，而关系到人们生活保障的偏好性公共品的投资普遍存在不足的现象。同时，"搭便车"的心理和寻租空间的存在也导致了融资上的低效率。

5.2.2 多元主体融资方式的效率分析

单纯由政府融资所内生的低效率召唤着私人资本的共同参与。[①]政府在融资方式上由征收企业利润等直接筹资方式向采取税收等间接的、市场化的经济手段转变，私人资本的进入使融资主体向多元化变革，并促成了融资制度的不断创新，形成了政府、政府与私人

① 樊丽明：《中国公共品市场与自愿供给分析》，载《厦门大学博士后研究工作报告》，2003 年第 5 期，第 75～78 页。

共同参与以及私人融资的多元融资机制并存的良好格局。这一制度变革提高了公共品的融资效率，并对融资制度的进一步创新产生了深远影响：

5.2.2.1　改进政府的融资决策方式，提高融资效率

单纯依靠政府融资无法避免政府自身的制度缺陷带来的融资低效率。政府"一统天下"的融资模式，缺乏法律和制度保障，我国政府的融资决策很多都是根据中央的"决定"、"通知"来传达和执行的，没有法律和制度的规范。由于没有法律的依据和约束，政府随时都有可能根据自己的利益来调整方案，过去政府间对公共品融资的决策方案总是中央和地方谈判妥协的结果，税制改革中所得税变成共享税就是一个明显的例子。通过多元化融资制度的变革，政府受到了来自多方面因素的制约，政府摆脱了以往处于不稳定状态的融资方式，向制度化方向转变，这是政府自身角色由既是裁判员又是运动员向裁判员转变的重大的制度进步，融资方式的制度化为政府自身和其他组织的行为提供了可理性预期的工具，改变了以往朝令夕改的公共决策方式。引入私人资本，并没有改变政府在公共品供给中的主动权，政府与私人可以通过各种不同的合作方式继续将改革引向深入。

5.2.2.2　畅通了公共品供求信息的传输渠道，降低了信息搜集成本

市场化的改革使政府无法继续控制所有的社会资源，政府财力的下降使政府主动在公共品融资中将私人资本引入，这必然要改革以往"统收统支"的融资模式，政府强大的融资能力丧失了，这从政府财政收入占 GDP 比重增幅逐渐下降得以反映。内源不足外源补，民间资本的逐渐强大使他们具有了承担公共品供给的能力。民间资本进入公共品融资领域，导致了政府与私人资本在公共品供给中合作产权契约的出现，政府、市场、私人自愿多层次、多中心的公共品供给机制逐渐形成。融资中心和融资方式多元化、分散化，

使得融资主体与辖区消费者的联系更加密切，不同辖区、不同居民群体对公共品的需求信息传输渠道拓宽了，来自公共品供给者的信息也能够快速、准确地传递给消费者，降低了信息搜集成本，最直接的效果就是公共品供给效率的提高。

5.2.2.3 针对不同的公共品特性采取不同的融资合作方式，有利于提高公共品的供给效率

私人资本的逐利本性决定了进入公共品融资领域的主要目的就是获取投资回报。因此，政府与私人资本合作，首先要满足私人投资能够获得相应的报酬。公共品市场的特性决定了政府在与私人资本合作时要承担不同的角色和职责。对于具有明显外部性而投资收益较低或风险较大的公共品，在共同参与的投资过程中，政府可以将一部分风险转移，利用私人组织的高效率降低风险程度，同时要通过补贴克服盈利性低的不足，保证私人资本获得必要的投资回报。对于那些排他性高且盈利能力较强的接近于私人品的准公共品，可以完全采用私人融资的方式，政府不再参与直接投资和予以经济资助，收费标准完全由市场供求关系和竞争情况调节，政府可以全身而退，担负起裁判员的管制职责。在投资上的专业化分工，本身就提高了公共品的融资效率，并且为融资制度的创新开拓了足够的空间和动力。

多元化的融资方式有利于解决政府资金不足问题；减少政府投资对私人资本的挤出效应；避免税负的增加；增加资金的使用效率；多元投资主体形成的竞争性制约可以加快法律法规制度的健全，规范政府自身的融资行为；针对不同的公共品特点采取不同的政府与私人资本的合作方式有利于提高公共品的供给效率。因此，公共品融资方式由政府单一融资向多元主体的市场化融资转变，是各国政府公共品供给中融资行为改革的共同方向。但是多元主体的融资方式也存在欠缺，例如间接的商品税会造成扭曲性的低效率，使公共部门资金来源不足；私人资本的进入容易在供给过程中出现过度市场化现象，如果政府管制失效，会造成公

共品供给量不足，同时也为政府留下了寻租空间。因此，合理搭配各种融资方式，不断进行融资制度的创新，不断提高政府自身的决策能力和管制能力，是政府融资行为向多元化主体融资方向改革的制度要求。

第6章

政府的规制行为

　　理论界对政府规制行为的研究主要集中在私人品市场，对公共品市场的政府规制研究主要集中在电信、电力、航空、铁路等具有自然垄断特性的公用事业，很少有专门针对公共品市场政府规制的研究。随着公共品市场概念被人们逐渐接受，和现实世界中公共品市场开始成熟有序的运行，这一问题的重要性日益突出。在一个成熟的市场经济态势下，政府更多地是以管理者的身份出现的，在公共品供给领域也不例外。政府规制职能的分离是从监督管理角度提高公共品供给效率的必要举措。但是，公共品的特殊性使得政府必须要介入具体的供给环节，因此对该领域的规制总是避免不了政府对自身行为的自我规制，特别是处于制度转轨期的政府，对政府规制能力的提升同时也是政府运行效率的改进。

　　在公共品供给领域，政府的规制行为不仅要让外部效用内部化，作为一种信息中介，还要填补公众与产业之间的信息真空，因此，政府要与众多的外部者发生关系，达成规制中的契约，包括规制机构、被规制者以及大众的多重委托—代理关系和契约关系，因而政府自身角色的变化会导致全局的变动，从而影响到规制行为，这又是与制度环境的演变密切相关的。

6.1 公共品价格的规制

6.1.1 公共品的定价机制

6.1.1.1 公共品供给者是政府部门

当公共品供给者是政府部门，公共品价格的形成有两个环节（王万山，2003）：第一个环节是公共产权交易；第二个环节是自由市场交易。前者是价格形成过程，后者是价格实现过程。在第一个环节中，民众通过纳税与公共品供给者——政府缔结公共契约，获得消费公共品的权利。因此，税收实质上是"一种价格，是产权的标价"。[①] 通过公共选择确立的税收和相关的税收政策形成公共品的公共价格，个人纳税的多少形成公共品的私人价格。而公共品的供给成本直接构成了公共品的价格，共包括三部分，首先，是决策成本。决策需要交易成本，同时集体讨价还价的决策结果会对每个成员造成一定的损失，包括偏好不满足和外部效应损失，这些共同构成了决策成本。其次，还包括公共品的生产成本和政府代理成本。

6.1.1.2 公共品供给者是私人部门

这主要针对提供准公共品的公用事业部门，如供水、供电、燃气供应等自然垄断行业。这类行业的技术通常涉及大量固定成本和很少的边际成本，例如，通讯公司为提供电话线和交换网络，须投入大量的固定成本，而增加一次电话服务的边际成本却非常低，这决定了如果按边际成本定价必然无法补偿生产成本而导致亏损，在单一企业生产条件下，自然垄断厂商会把价格定在平均成本之上，

---

① 伍世安：《中国收费研究》，中国财政经济出版社 1997 年版，第 40 页。

凭借垄断地位获取垄断收益，攫取大部分甚至全部消费者剩余，给消费者带来福利损失，降低整个社会的福利水平。因此如果没有第三方的干预，将定价权完全交由私人运营商，会造成严重的社会损失。政府必须参与这些行业的定价过程，或者给予具体的价格制定，或者对价格制定进行指导。政府对该类行业的价格规制，必须采用科学定价方法，否则会造成其他形式的效率损失。如果政府一味地"讨好"消费者，过度规制该行业，实行过低的行业价格，则会造成对该公共品的过度消费，加重政府财政补贴的负担，造成社会资源的浪费。例如，我国 20 世纪 80 年代，北京市的公交系统平均每张月票补贴 2.56 元，市政府每年用于这方面的补贴高达 60 多亿元。[①]

6.1.2　对公共品价格的规制

针对上述两种不同的公共品价格形成机制，政府应采取的规制行为主要有以下三个方面：

6.1.2.1　提高政府决策效率，降低决策成本

在布坎南和图洛克（Tullock）提出的最优宪政安排中，给出了公共品供给决策成本最小化的理想模型。布坎南和图洛克的模型是代议制政府决策的理想化，有其现实局限性，但是为我们提供了努力的方向。从中应当学习的经验有：（1）专制的或独裁的决策方式固然有决策过程的高效率，但会造成巨大的外部成本，损害人们的福利水平。但是民主的宪政又必须经过一个长时期政治体制的演进。因此，对一个处于制度转型的国家来说，通过运用各种科学方法和手段使政府决策过程科学化、透明化、制度化、民主化，是一个理性的阶段性选择；（2）通过前面的分析，我们得知由政府来进行公共品的生产总是低效率的，政府组织内在的制度缺陷是无法克

---

① 张卓元：《社会主义价格理论与价格改革》，中国社会科学出版社 1987 年版，第 152 页。

服的。因此，可以通过拍卖的方式将公共品生产的经营权交给私人厂商，依靠现代化的企业制度降低生产成本，政府可以对这些企业进行改造，采用各种激励制度，还可以采用公开招标的方式将生产好的公共品购买过来，刺激企业间的竞争，从而达到对公共品进行成本规制的目的。（3）通过精简政府机构、缩减行政费用、加强民主监督等方式提高政府的行政执行效率，减少寻租行为，降低政府的代理成本。

6.1.2.2　优化税制，实现公共品价格补偿中的公平和效率

税收制度在公共品的供给中起到两个作用：一是税收是公共品的成本补偿机制和成本分摊机制；一是将公共品以帕累托效率原则在社会成员之间进行配置，提高社会大众福利水平。前者是强调效率，后者是强调公平。不断优化税制实现公共品价格补偿中的公平和效率是政府对公共品价格规制的经济性手段。这就要做到：（1）优化中央与地方的分税制，完善政府之间的转移支付制度，实现不同受益级次范围的公共品成本的有效补偿；（2）优化政府的税式支出，使政府提供的公共品在消费者之间公平分配。[①]

6.1.2.3　科学的公共定价和财政补贴

1. 科学定价。对公用事业的价格制定要满足两个条件：一是要能够弥补企业的生产成本，保证企业的生产和再生产顺利进行；一是要实现消费者福利的帕累托效率：在以不损害任何人的福利水平为前提下提高消费者的总体福利水平。以上任何一个得不到满足，该类公共品的提供就没有存在的必要。这就要使制定的价格实现两个均衡：在补偿企业的生产成本和提高大众福利水平之间进行权衡，兼顾规制机构、被规制企业以及消费者各个利益集团之间的博弈均衡。可见，影响公共品价格的因素包括边际成本和社会成本。

---

① 详见第4章政府对公共品的分配手段的论述。

按边际成本定价是（市场）经济当事人的机会成本序列中的最佳选择，是社会经济中通行的定价准则。但是在公共品运营中，直接以边际成本定价更多的是一种偶然现象。公共品的自然垄断特性和本身带来的社会收益要求必须在高于边际成本之上定价，否则企业就要亏损。

针对公用事业定价的科学方法有很多，在此笔者不一一阐述，而是到第 7 章结合我国城市水务产业这一案例予以具体分析。

2. 合理补贴。由于不同的公共品其外部性不同，外部性越大，成本越大，供给量就越低。要实现公共品的普遍供给，传统的理论观点认为可以通过对企业实行差别定价，进行交叉补贴来实现。自然垄断性的公用事业具有高的固定成本，无法由边际价格来弥补，政府必须给予补贴，补贴方式是否科学，补贴程度是否合理，也关系到企业能否顺利生产和公众福利能否有效提高。杨君昌（2002）认为，要确定因政府定价造成的亏损是否需要补贴，又不违背效率原则，取决于三个条件：（1）如果对服务供应的各个方面（使用、获得和选点等）都实行边际成本定价后仍然发生亏损，不是单一环节发生亏损，而有的环节发生盈余。（2）如果征税（用于弥补亏损）或者公共服务资产的资源配置是恰当的，并没有造成对经济的扭曲。（3）如果公共服务供应方面的管理和投资决策没有受到财务亏损的负面影响。如果从公平角度来考虑，就必须要尽量降低财政补贴造成的扭曲效应，因为用税收弥补亏损实际上是用一般纳税人的钱来补贴给服务受益者，除非受益者是贫困者，否则会造成不公平。

6.2　进入和退出公共品市场的规制

对公共品市场而言，供给厂商所面对的进入和退出壁垒除了由公共品的自然属性（如经济、技术等）造成的外，还有相当部分原因来自于它的社会属性，这是与私人品市场的显著不同点。这决定了政府不仅要在明晰产权、传递信息、监督约束厂商行为等方面发挥作用，还要规范自身的行为规则，驱除加在公共品身上的多重非理性的社会负担，还原其本来面貌，降低公共品市场的人为化壁垒。

6.2.1 公共品市场的进入和退出壁垒

6.2.1.1 进入壁垒

1. 经济壁垒。这是由公共品的自然属性决定的。公共品正外部性的存在决定了按私人边际成本等于私人边际收益的原则所确定的产品价格和产量，不能弥补生产的全部成本，这就限制了私人厂商的进入。公共品在消费上的非排他性导致无法从技术上解决对消费者进行收费的难题。此外，公共品自身的其他属性，如高度的资产专用性、高的信息传递成本、高的不确定性等，都导致在公共品剩余产权配置上的困难，加大了风险。这些都构成了公共品市场的经济壁垒。

2. 制度壁垒。制度壁垒的形成原因很多，有政治体制、经济体制以及政府官员的意识形态等。如笔者在前面的分析，在传统的政治和经济体制下，政府是唯一的公共品供给者，政府在主观上排斥其他私人经济主体的进入。如在我国计划经济时期，政治制度上只承认公有制是唯一合法的经济制度，私人经济根本不存在生存的空间，计划经济体制造成了国有企业"一统天下"的市场格局，关闭了其他类型经济主体的进入大门，"天下为公"的共产主义意识形态使政府完全承担起向全民提供公共品的责任。这些都造成了公共品市场其他主体进入的制度壁垒，在经济转型时期仍然有大量的残留，成为公共品市场良性发展的桎梏。

3. 行政性壁垒。如果政府被在位的公用事业企业俘获，他们之间就会相互勾结，使自然垄断变为行政性垄断。当公共品生产的技术水平方式变化，自然垄断性质逐步减弱时，为了共同的利益，政府仍然会人为制造种种手段构筑进入壁垒，维护在位厂商的垄断地位，阻止竞争。例如，严格的行政审批制度，对进入企业的资格设定极高的标准。

6.2.1.2 退出壁垒

构成公共品市场进入壁垒的诸种因素也形成了退出壁垒，例如，公共品高资产专用性的特点使得公共品的初始投资规模、转换成本等都太大，形成在位厂商的退出障碍。国有公用事业企业承担的多重政府目标，如就业最大化、保持低费率、保证低收入者享受服务等，使其在经营亏损、严重资不抵债的情况下却不能正常退出。

公共品市场的高进入退出壁垒，会严重扭曲在位供给者行为，这在当前我国政府主导的公共品供给模式下表现得格外突出。一方面政府对某些公共品过度提供，一方面对某些公共品供给不足。政府作为在位的主要公共品供给者，由于缺乏有效竞争机制，对所提供公共品的质和量的随意性比较大，过量地提供自己偏好的公共品，如能明显提高政治绩效的显著性公共品，而对无助于提高政治绩效的非显著性公共品则不愿问津，导致该类公共品供给的严重不足。这就从另一个角度解释了政府供给公共品结构性失衡现象。同时，在我国特定的政府预算软约束的制度环境下，会使政府型的公共品供给者过度进入，使进入壁垒失效。如电力行业，某些地区的政府完全不顾该公共品所具有的受益地域性特点，各级政府各部门争相上马，一个地区大小电厂并存，造成了严重的资源浪费。

6.2.2 政府对进入和退出公共品市场的规制

通过对公共品市场进入和退出壁垒的分析，我们发现，要消除壁垒，不仅要采取更为科学有效的规制措施改进政府的规制行为，更重要的是要通过对政治经济体制改革的深化完善政府自身的行政作为，包括意识形态上的进一步解放，这也是提高政府规制效率的前提。唯有如此，才有助于从根本上规范和改善政府的规制行为。

6.2.2.1　利用市场机制，明晰公共品产权，降低公共品的外部性

将公共品外部性内部化降低公共品的供给成本，一方面要依赖于技术的进步，例如，城市道路拥挤收费，DSRC 电子收费技术、车牌识别技术、基于 GPS 和 GSM 电子收费技术的不断进步有效地解决了这一难题；另一方面，也可以通过制度上的设计人为地降低，通过公共产权私有化，降低交易成本，使外部效应内在化，消除公共品中的"搭便车"行为，使公共品的市场提供机制发挥作用。著名的灯塔可以私有化的例子说明了政府的责任就在于确定产权的界限，明确产权的具体行使。当然，产权私有化并不是政府明晰公共产权的唯一选择，事实证明私有化在很多时候也是低的或者是无效率的。对于"俱乐部物品"，由于俱乐部成员对集团提供的物品具有大致相同的偏好，在制度上就存在一种激励，这种激励能够消除成员的"搭便车"动机，使集团能够高效地提供公共品。布坎南的俱乐部理论从产权角度解决了由政府提供此类公共品时人们的"搭便车"行为，能够有效规避哈丁公共事业悲剧，使集团组织成为实现有效供给准公共品的理想模式。[①] 公共产权、私人产权和俱乐部产权是明晰公共品产权的三种方式，政府可以根据不同的公共品特点进行选择，消除公共品的外部性，找到公共品产权和经营权的最佳配置路径，提高公共品的供给效率。

6.2.2.2　转变政府传统的思维方式，推行公共事业的多中心治理模式，降低其他主体进入的制度壁垒

公共品市场的多元化供给已经成为大众的共识，但是由于政府本身制度和意识形态上僵化的特点，使政府在实践中仍存有相当的传统思维方式。文森特·奥斯特罗姆指出："每一个公民都不由'一个'

---

① ［美］H. 范里安：《微观经济学：现代观点》，上海三联书店，上海人民出版社1995 年版。

政府服务，而是由大量的各不相同的公共服务产业所服务。……大多数公共产业都有重要的私人成分。"这意味着随着经济领域和社会领域自发组织力量的发展，对公共事业而言，由以政府为核心的单中心治理模式向政府、市场、私人自愿的多中心治理模式的转变成为人类社会自发演化的必然。但这并不意味着政府在此领域的完全退出和责任的完全让渡，相反，政府要发挥在公共品供给中的重要作用，如规制其他公共品供给者的生产行为、公平社会分配。因此，转变政府传统的思维方式，优化政府的公共事业的治理模式，才能从根本上降低公共品市场进入的制度壁垒。这是转轨国家所面临的重大任务。

6.2.2.3 实行科学的企业准入的审批制度，降低行政性进入壁垒

行政审批制是政府利用公共权力干预经济的一种方式，通过行政审批的方式设定公共品市场的企业准入标准，防止公共品市场中的垄断或过度竞争，形成健康有序的企业进入退出秩序。但是对行政权力的过分信任和依赖会造成审批制度的混乱无序，并成为政府寻租的温床。脱胎于计划体制的转轨国家对企业的进入通常采用行政审批的方式，由于缺乏有效的监督和科学的方法，主观随意性较大，这使得政府的规制行为发生扭曲，妨碍了公共品市场有效供给机制的健康发展。因此，转变政府职能，立足于市场，改革审批制度，是降低行政性进入壁垒的具体制度保证。

改革政府审批制度，变事前的行政审批为事后监督，简化手续，公开行政审批的市场操作，最大化地缩小寻租空间。在具体的操作过程中，运用"特许经营"进行进入规制，是目前市场经济条件较为科学可行的方法。特许经营权最早是由美国经济学家德姆塞茨（Demsetz，1968）提出来的，是指政府按照有关法律、法规的规定，通过市场竞争机制选择市政公用事业投资者或经营者，明确其在一定期限和范围内经营某项市政公用事业产品或提供某项服务的制度。政府通过特许经营，可以吸引非国有资本或非国有企业进

入公用事业领域，改变国有企业一统天下的格局。利用拍卖经营权、公开竞标等方式，规范市场的准入条件，从企业的法人资格、设备与设施、财务状况、业绩、经营方案等方面对参与经营权竞拍的企业提出具体条件，透明化的实施程序防止了暗箱操作，杜绝了贿赂等寻租行为。特许经营的时间限制也使在位厂商可以有序退出，并且可以打破在位厂商在经营阶段的绝对垄断地位。

6.2.2.4 大力扶持私人资本，倡导社会道德，采取激励政策鼓励自愿供给

实践证明，准公共品的私人供给是公共品的有效供给机制之一，是政府供给公共品的有益补充。对此，政府应当采取多种激励措施，创造良好的制度环境，鼓励私人资本进入公共品市场；对介于政府和私人企业之间的社会志愿提供，则要提倡社会道德，鼓励私人进入自愿供给体系，建立起政府、市场、自愿三种互相搭配、互为补充的多层次公共品供给体系，有利于提高公共品的整体供给效率，共同提高人们的福利水平。

6.3 政府角色转换对规制行为的影响

有效的规制行为要求政府完全超越于其他市场经济主体之上，作为一个独立的行政主体实施规制政策。但是在现实中，政府自身就是一个利益集团的复合体，这个复合体又会与社会的其他利益集团发生千丝万缕的联系。图6-1展示了政府在规制行为中的各种关系。规制作为一个政治过程，是一个规制确立者（立法机构）、规制实施者（规制机构）和规制行为的审查者（司法机构）的复合体（陈富良，2004）。三者之间的权力制衡是否处于均衡，是规制有效实施的制度保证，任何一极的权力过度都会造成规制失灵。规制机构与被规制者之间是第二重关系，由于规制者是理性经济人，在对被规制者进行规制时，在私利的驱使下，规制行为容易受

其他利益集团影响和左右，使其偏离原本的规制目标。同时，规制机构也受到来自消费者的监督，消费者群体的不同阶层也对其产生重大影响。在不同的制度环境下，政府自身的角色定位是不同的，这导致了不同的规制博弈规则和博弈格局，形成不同的博弈均衡。笔者将制度环境放在由计划经济向市场经济转轨的转型时期，来考察政府角色转换对规制行为的影响。

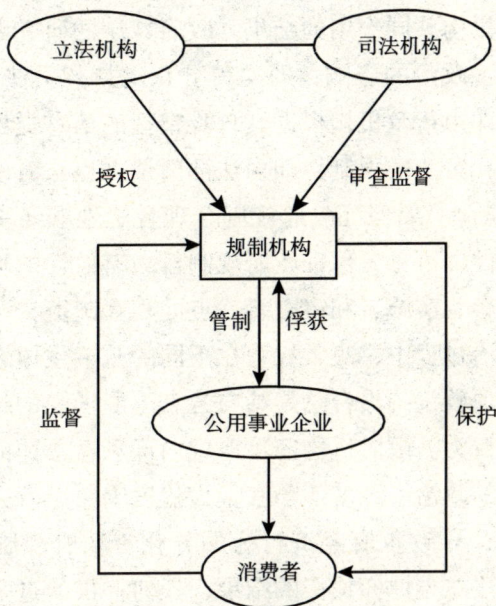

图 6 - 1　政府规制行为关系

6.3.1　规制者之间的博弈

6.3.1.1　政府规制决策的政治过程

图 6 - 1 的上半部分描述了政府规制的政治过程。执行规制政策的行政机构对经济与社会的规制权来源于立法机构的授权。立法机构制定内容宽泛的有关政府规制的法律，并在法律中将较为细致的规章制定权授予行政机构，或者通过专门的授权法案，设立专门

的独立的规制机构对某一经济领域进行政府规制。经此途径，行政机构的具体规制行为获得了政治上的合法性与公众的支持，因为立法机构由公众选举产生的代表（议员）组成，如果规制失败了，其责任并不完全由行政机构单独承担，尽管它仍承担执行不力的责任。法院或司法机构在其中的作用是，当有人对政府规制产生异议时，它将以宪法和法律为依据，对政府规制的合宪性与合法性进行审查。因此，政府规制作为一项均衡的制度模式，是行政机构、立法机构与司法机构共同作用的结果。政府规制的研究者将这三者的作用分为三种：政治的影响，即赢得公众支持的立法机构的提议；政策的选择，即由行政机构根据其自身掌握的信息提出的理性而科学的规制选择；宪法的限制，即司法部门依据宪法对政府规制所作的基本价值判断。[①] 要保证政府规制合理合法地顺畅实施必须要满足上述三种条件，可见，保证政府规制行为有效性的均衡的组织结构为规制制定者、实施者和审查者三点的相互制衡。

在一个政治过程中，决策权力在不同的政治主体之间的分布是不均匀的。一项政策的出台总是参与各方不断博弈的结果，即使某一方拥有绝对权力。政府机构容易形成内部利益集团的分化，这些利益集团之间的政治、经济斗争在很大程度上决定着公共政策的方向和执行效果，导致政府经济行为的异化。政府规制的形成是立法、行政、司法三方博弈均衡的结果，任何一极的过强或过弱都会影响规制效果的发挥。这突出地表现在不同的宪政秩序的社会中。

6.3.1.2　政府角色转换下的规制者之间的博弈[②]

1. 权力结构一体化。

（1）合作博弈——立法者与规制机构之间的合谋。在传统的计划经济国家中，政府组织作为社会唯一合法的政治主体和经济主

---

① 陈富良：《利益集团博弈与管制均衡》，载《当代财经》，2004 年第 1 期，第 22~28 页。

② 在公共品供给中，规制者之间的博弈行为并没有区别于私人品供给市场上的特殊性，因此，本书对此的分析没有严格地将其局限于公共品供给领域，可视为普适性的理论阐释。

体，是集立法、司法、行政大权于一身的庞大的"利维坦"，党团控制的集体选择的决策程序带有领导人主观臆断的强制性色彩。权力结构的一体化使规制机构与立法者达成合谋，在向被规制者进行规制时最大限度地为在位的政治利益集团谋取福利。作为与公众直接接触的政治工具，它以执政者的合法代理人的身份出现，立法的随意性和司法监督的匮乏，往往使规制机构集行政权、准立法权和准司法权于一身，规制权力的滥用不可避免。例如在我国计划经济时期，通过严格的行政审批制度，设置不可逾越的市场进入退出壁垒，严格限制在位厂商的身份资格；通过价格规制攫取企业的大部分利润，将社会资源最大化的集中到政府手中，尽可能地增加国家和政府的收益。

（2）规制者权力结构失衡导致的后果。

①规制权力的滥用和过度强化。规制机构权力的过度膨胀必然使规制行为的不规范触角到处延伸。其实，计划经济时期政府对经济、社会生活无所不在的行政性干预就是规制机构权力无限放大的结果。整个政府组织在执行对社会的规制职能中，俨然一体，对经济主体实行从头到脚的严格管理，使之完全服从于上层建筑的政治意图。在审批制度改革的今天，我们依然能从现存的审批事项中窥见改革前政府过度干预经济的现象。据不完全统计，目前地级市政府审批事项一般而言依然有700多项，多的达1000多项；地区行署一般有500多项，县级政府一般也有300～400项，涵盖着社会的经济和文化管理的各个方面。规制权力的滥用和过度强化严重制约了经济生活的活力，损害了社会大众的利益。

②规制政策具有任意强制性。权力结构的一元化，使得立法过程和对规制行为的监督和审查严重缺位。规制者在执行权力的过程中，往往由于自己的偏好、自利因素或部门利益驱动等，导致经济政策的反复性、任意性、强制性和短期性。经济规制政策的不稳定所造成的危害极大，因为"政府的可信度……政府的规则和政府的可预见性及与实施中的一致性……对于吸引私人投资而言，与这些规则和政策的内容一样重要……脆弱而专制的国家机构往往采取不可预见的、前

后不一致的行为，从而使问题更加复杂化。这些行为不仅不能对市场的成长有所帮助，反而会损害政府的信誉，损害市场的发展。"①

③规制者对应付责任的忽视。规制者的责任包含两方面：一是应尽的职责和义务；一是没有履行这种责任和义务而应承担的否定性后果。规制者必须能够对自己的规制行为作出解释，并证明其合法性和合理性。但是，政府权力结构的一体化使其权力的获取途径不再是"民授"，与被服务的大众之间地位的极度不平等使政府的大权力、小义务甚至有权力无义务成为正常现象。计划经济时期政府的经济规制行为基本是一个以政府为中心的单向规制过程，政府规制更多的强调了被规制者应尽的义务，而较少强调被规制者所享有的权利；更多的强调了规制机构的权利，而较少或基本没有规定规制机构应尽的义务。例如，在我国的审批制度中，审批程序暗箱操作非常严重，行政审批中，"只与官晓，不与民知"的现象较为普遍，更有相当一部分审批标准是"抽屉标准"，或者根本就是不能向当事人公开的"内部文件"精神。

2. 权力结构一体化的松动和制衡机制的形成。

（1）非对称的主从博弈——立法者与规制机构之间的服从与抗衡。权力结构一体化的规制模式可以节约立法者、执行者为达成契约的一致而花费的谈判成本，降低交易成本，但是权力过于倾斜的不均衡状态带来的是全局性的效率低下，迟早会被打破，计划经济走到尽头的时候往往伴随着上层建筑权力结构的重新整合。转轨国家的政府作为国家的权力中枢，受到多元利益的影响，立法、司法、行政一体化的权力结构开始松动，对政府各行政执行部门的控制权逐渐集中到立法者手中，不再是某一政治利益集团的全权代理人。来自司法部门的监督和审查使得规制机构所拥有的准立法权和准司法权受到严格的限制，逐渐成为单纯的政策执行机构，权力的滥用现象也得到缓解和制约。

但是，制度转轨过程中权力结构内部张力的不稳定性，会使博

---

① 世界银行：《1997 年世界发展报告：变革世界中的政府》，中国财政经济出版社1997 年版，第 7 页。

弈双方为实现各自利益最大化而不断调整自己的策略，扩大自己的权力。由于博弈双方集体获得的不对称性，使得最终的博弈均衡总会有利于某一方。在等级制度构造的组织中，层级化权威与专业化权威的冲突因信息的不对称性而始终存在，规制机构的官员会利用自己独有的专业化知识来反控制上级。同时，由于改革的不到位，对规制部门缺乏规范化约束，使之在与授权机构和监督机构相抗衡中往往处于有利地位。例如，在我国当前的审批制度改革过程中，对某些应当取消的审批项目不但没有取消，反而有强化的趋势，这与该审批项目能够为审批部门带来更多的"租金"有相当的关系。

（2）非合作博弈——规制机构之间的权力争夺。随着市场经济的不断发育，催生的利益空间增大，作为上层建筑的政府组织各部门开始有了自己独立的利益，个体官员的行为函数发生改变，个人利益与部门利益挂钩。而政府自身角色定位的模糊，组织内部权力分配的不确定性，容易导致立法者、规制机构对规制带来的收益的争夺，造成了在规制领域的过度规制和规制缺失并存的现象。

理性经济人的趋利机制容易促使规制部门争夺对带有外部经济的公共品供给的规制权，通过与经营该类公共品的私人组织之间合谋，抽取租金，使部门利益最大化地转化为个人利益。拥有行业规制权的规制机构除了通过对本部门保护产生直接利益之外，还会以损害其他部门利益为代价获取各种间接好处（陈富良，2004）。而立法机构对规制部门监督审查的缺位进一步促成了它与被规制者之间相互勾结，共享利益。因此，一些营利性的公共品出现了过度供给，而公众急需的一些非营利性公共品却无人问津；某些公众并不急需的公共品大量供给，而某些关系国计民生的公共品的供给却严重匮乏。而这一切都是以大众的福利损失为代价的。从博弈结果中，我们可以发现，博弈各方的个体理性行为通常会导致集体的非理性。每个规制部门都有一个符合自己利益的优越策略，即在任何情况下都可以得到最好结果——获取尽可能多的租金和规制权力，但当各规制部门都采用其优越策略时，却会导致一个较次的结果。因为一定时期内，一个国家在公共品供给领域中的利益和资源总是有限的，如果各规制部门都只顾片面追求自身的最大利益，整个政府组织就会蜕变为与民争利的掠夺型政府，带来的将是全局性灾难。

（3）无限重复博弈——权力制衡的制度化形成。权力结构的失衡导致规制决策的执行风险，规制机构在追逐任期内个体利益最大化的一次性博弈中，必然会走入囚徒困境，无法求得合作解。要解决政府组织中个体理性与集体理性之间的囚徒困境，需利用无限重复博弈使两者达到一种合作，以求得均衡解，从而达到帕累托最优。而要无限重复地实现稳定的合作解，必须要具备以下几个必要条件：①参与者相互作用的预期行为以及他们彼此的决策过程；②快速地察觉并对对方的决策迅速作出反应的能力；③博弈者都对长期利益更为感兴趣；④博弈双方有着相似的利益结构和偏好取向。符合上述条件的博弈往往会形成合作，尤其是当博弈者通过多次的博弈以后看到合作的远期收益要明显地大于背叛合作所带来的短期利益。

实现无限重复博弈得到合作解的最佳途径就是必须使政府的规制行为制度化，使之具有稳定性和一致性。通过政府组织权力结构的相互制衡，可以建立起规制执行机构对自己行为长远后果负责的制度保证，监督机制的约束可以提高规制行为的效率。马克思认为，国家权力与分散的个人权力不同，是一种"集中的有组织的社会暴力"。而要保证这种"暴力"性质的权力安全节制地有效运行，就要使政府机构"不同的部门之间获得适当的平衡"（麦迪逊，1751～1836）。通过分散权力的决策中心，限制权力的范围，使民众能够从外部防止官员对权力的滥用；而掌控具体权力的政府机关之间相互的监督控制，从内部缓解了因专业化分工而导致的权力中心的矛盾冲突，防止绝对权威主义的出现。因此，权力的制衡机制是使政府组织达到稳态均衡的有效举措。来自立法部门的授权和司法部门的监督，最大程度地建立起对规制机构的激励机制和约束机制，从而改变了其行为的目标函数，使行为的结果与最初的决策目的尽可能相吻合。

6.3.2 规制者与被规制者之间的博弈

政府的经济规制不仅仅是政府的单方面行为，它应是政府规制机构和被规制者之间的互动和交往过程，是双方权利和义务关系的平衡。二者之间的博弈从供给和需求两个层面影响着规制制度的均衡，一方面，被规制者以各种方式影响着规制者，以得到有利于己的规制政策；一方面在被规制者寻租的过程中，规制者也以它所掌握的公共权力进行政治创租和抽租。在准公共品供给市场，政府作为供给主体的一元，其身份角色往往会发生质的改变，这从根本上决定着双方博弈格局的变化，从而使政府的规制行为呈现出不同的特点。①

6.3.2.1 政府角色转换下规制者与被规制者之间的博弈

1. 政府垄断地供给公共品。在政府完全垄断的公共品生产领域，政府集管理者和生产者于一身，被规制者即规制者。政府同时作为经营者和规制者的双重角色，在不同的政治经济体制下其规制行为有不同的表现。在计划经济体制下，供给公共品的企业同其他生产型的国有企业一样，都受到来自政府全方位的干预和管辖。政企一体使规制机构与企业之间的信息传递可以完全畅通，又由于规制官员的个人利益不与部门利益挂钩，所以企业不需向官员支付任何形式的租金，也不存在俘获问题，政府与企业之间的规制契约可以说达到最优。但是，自我规制的低效率也是显而易见的，政府各部门与被规制单位不存在直接的利益关系，会导致合理激励机制的欠缺，其执行效果更多取决于执行官员个人的素质，表面上似乎严格的规制实质上往往流于形式。另一方面，由于共产主义的意识形态使公共品供给成为一项重大的福利性事业，公共品的自然垄断特性使政府必然要设置严格的规制政策防止其侵害人民的福利，如实

---

① 由于纯公共品不论从理论上还是实践上，由政府提供是最优的政策选择，政府在此领域的规制可视为政府自身的自律问题，在此不予讨论。

行严格的政府定价机制。在市场经济体制下，政企不分的垄断性供给使得规制政策明显地偏向政府直属企业，而对其他经济主体则采取歧视性的非国民待遇。市场经济环境的复杂化使政府往往集多重政治目标于一身，供给公共品的国有企业不仅担负着向大众交付产品的经济任务，还承担着稳定社会、公平福利分配、收容失业人员等"政治使命"，政府对其格外地"爱护有加"，并严防其他竞争者潜在的和实在的威胁。例如，在我国政府垄断的铁路运输业中，对铁路干线的铺设、其他辅助性服务都可以引入竞争，但是对车皮的管理权却一直牢牢控制在政府手中，严防其他主体的"觊觎"。虽然这种做法并没有理论的根据，但对于制度尚未健全的转轨期政府而言却是理性的选择。再比如，我国的电信产业部既是电信行业的规制者，又是中国电信的老板，在规制过程中不可避免地倾向其"嫡系"电信企业。联通公司成立后，集经营者与管理者于一身的邮电部，就实施了对联通公司的市场进入限制，在互联互通上对联通公司接入市话网进行限制，在网间付费方面，对联通实行垄断定价，在号码、无线电频率等公共资源的分配上，对联通实行限制。

2. 政府与私人企业共同参与公共品的供给。当政府不再是公共品唯一的供给者，多元化供给机制逐渐形成时，规制对象也开始复杂多样化了。被规制者成为具有独立经济利益的企业，在政府设租的利益引导下，都会主动加入到与政府博弈的行列之中。政府主动设租、被规制者主动寻租的现象出现了，并根据被规制者自身效用函数的不同而有不同的表现。

（1）俘获与合谋——规制者与被规制者之间的合作博弈。布坎南等人（1980）认为，只要政府人为制造短缺，寻租活动就必然发生，只要获得某种特权的机会是不均等的或随机在所有人当中分配，就必然有人通过游说、疏通去试图说服主管当局给予优惠或差别待遇达到满足自利的目的。施蒂格勒（1996）认为，所有的管制安排由需求和供给决定，政府对产业的规制进程往往为少数存在利益相关性的企业所左右。坦齐和 Davoodi（1997）认为政府寻租会影响公共品的供给结构，认为较高的腐败水平会导致较高的公共投资支出、低运营和维持支出、低公共基础设施质量。特别在转轨时期，由于政府面临着众多利益集团的分化，市场力量与政府博弈使严格的规制出现了松动，但放松的规制不意味着规制的合理性必然出现和效率的提高，它需要来自立法机构、审查机构、被规制行业以及公众的共同作用的合力。对一个由于制度的缺陷而无法摆脱利益诱惑的政府来说，更容易被其他利益集团所俘获，在规制行为中更可能倾向于保护营利性组织的特殊利益，从而偏离了保持市场竞争和维护公众利益的方向，利益集团侵蚀公共利益，会造成政府规制失灵。规制从另一个意义上变成了政府创租的工具。这导致了公用事业的经营者利用垄断地位与政府规制机构合谋共同谋取垄断利润，损害了消费者的福利，也改变着社会公共品供给的总量和结构。例如我国的电力、铁路等部门依靠与政府部门的特殊关系，把自然垄断与行政性垄断结合起来，通过各种手段变相涨价，电力部门多计用电量以多收费，将低电价按高电价计算，价外乱收费等；铁路部门的价外收费也过多，并且强制涨价，如在每年春运期间的票价上浮等等。

（2）激励不足与激励过度——规制者的歧视性规制政策。由于不同的公共品的外部性差别很大，导致不同的公共品市场的垄断程度不同。垄断程度高的公共品市场，在位厂商的市场支配能力越强，可以通过垄断定价获取高额的垄断利润。而垄断程度低的公共品市场，在位厂商获取利润的空间也相对狭小，而对于那些经营"较纯的"公共品的非营利性组织，利润更无从谈起。因此，高营利性组织比之低营利性组织、营利性组织比之非营利性组织，更具有俘获政府的倾向和实力，只要行贿支出不影响其利润的获得，就会不遗余力地收买规制者，诱惑其作出有利于自己的决策。而低营利性组织或非营利性组织自身在利益获取上的动力和实力欠缺使得其不具备能与高营利性组织相抗衡的行贿资本，在俘获规制官员、争夺进入权的激烈竞争中总是甘拜下风。

供给主体之间在与规制官员合谋的实力上的差别，致使司法机构在对规制官员的激励制度①的设计上面临不同的困境。高营利性组织的高俘获能力总能摧毁设计严密的激励制度，使激励严重不足，规制官员会千方百计地进行创租活动。而低营利性组织和非营利性组织由于缺少贿赂规制官员的能力或动力，规制机构与被规制者之间的互动显得相对"纯洁"，由于通常的激励制度主要是针对防止规制官员被俘获的目的设计的，忽视了对规制官员"不作为"或"假作为"的规制行为的惩罚，导致现实中出现激励过度的问题。表现为规制官员故意设置拖沓冗长、层层加码的规章制度，利用拖延工作时间、消极怠工等方式故意刁难被规制者。这同样造成了规制行为的低效率。

因此，对规制官员激励制度的设计成为解决问题的关键。一项规制政策的出台和实施，是监督机构、规制机构和被规制企业三方之间的一种契约，监督机构理想中的最优契约是维持一个廉洁而又高效的规制机构，被规制企业理想中的最优契约是向规制机构的转移支付最小，规制机构的最优契约是收益不能低于自身的保留效用。因此，一种合理的规制制度要满足以上三个条件，才能实现社会福利的总体最优：提供符合公共品市场结构的规制制度。

---

① 所谓激励就是要找到一个机制使得人们理性的自利行为结果正是所需的既定目标。通常意义上的激励性规制，即给予受规制企业以竞争压力，提高生产效率和经营效率的正面诱因。在这里，激励制度的设计是完全内在于政府规制机构内部的。立法和司法机构面临着一个对规制官员激励的问题，所设计的激励制度目的就是使规制机构官员能够自觉抵制俘获，提供符合市场结构的规制制度。

第 7 章

案例分析（一）：我国城市水务产业中的政府经济行为

通过对政府在公共品供给中一系列经济行为的理论探讨，适合于公共品市场的政府经济行为规则框架逐渐浮出水面。我们明确了政府在公共品市场中的决策、生产、分配、融资、规制行为，如何运行是有效率的，那些对公共品供给形成额外的经济成本和社会成本以致降低了供给效率的行为需要构建合理的制度环境来规范和约束。理论必须要经过实践的考验。我国当前正处于制度转轨时期，公共品供给领域新旧制度的交替使政府在公共事业治理过程中普遍存在缺位、越位和错位现象。随着改革的深入，这种低效率现象没有得到明显地改善。在本章以我国城市水务产业的具体案例，将理论分析引入实证，将理论分析得出的结论进行验证，为提高公共品供给效率的政府经济行为规则的构建找到具体的答案。

7.1 城市水务产业的相关性因素分析

7.1.1 城市水务产业的产品特性

7.1.1.1 水产品种类各异，其受益的内部性和外溢性随种类的不同而差别显著

水资源作为一种准公共品，具有普遍的公共品意义上的消费非

排他性，但是，它特有的稀缺性和物质可分性又导致了在消费上的拥挤现象，具有竞争性，是私益的。长期以来，在人们的普遍意识里，水资源是一种公共资源，每个人都有取用的权利，而且这种权利不受制约。这种公共资源观在很多地区导致了水资源利用上的"公地悲剧"。对城市这样一个特殊的人类聚居场所，水资源有各种不同的外在形态，如普通居民用水、工业用水、中水回用以及污水处理和排放等。城市水务即指城市辖区内的防洪、水源、供水、节水、排水、污水处理等所有涉水事务。这些形态各异的水产品，因其提供的价值内容的不同与不同的消费群体发生使用关系，各自的特性也有较大的差别。其中，居民用水和工业用水是一种典型的在消费上可以排他（收费）的准公共品；中水回用是具有正外部性的公共品，往往因收益不能弥补巨大的成本而供给严重不足；废弃的污水则正好相反，带有极大的负外部性，其排放渠道独特的水系特征可以将其带来的灾害无限放大，而对于污水处理则又成为带有外溢性的公共品。可见，城市水务产品因其种类的繁多而特性复杂，必须根据不同的水产品来进行具体的分析。

7.1.1.2 城市水务产业的自然垄断性较强，在建立多元化的供给体系中政府要发挥重要的作用

城市水务产业是指由原水、供水、节水、排水、污水处理及水资源回收利用等形成的产业链。与水务产业相关的水务产品除了普通居民用水、工业用水、中水回用以及污水处理和排放等外，还包括城市水务设施（指为了达到涉水事务而构建的基础设施，包括自来水供给设施、污水处理设施、中水回用系统、河湖截污改排系统，以及相应的管网设施等）、水务服务（包括水环保技术、水环境影响评估等）等。[①] 其中城市水务设施具有系统整体性，必须形成一个系统的闭合网络才能发挥作用，因此，天然地具有这类网络性的公用事业所特有的自然垄断性。从供水、输水到管网建设投资

---

① 刘晓君：《城市水务设施市场融资中的若干问题的探讨》，载《环境科学的动态》，2005年第2期，第37~39页。

规模大，涉及面广，投资回收期长，必须达到一定的规模才有可能保本或微利。这决定了水务行业中只能由一家或几家大型企业进行规模生产，并且要以追求社会效益最大化为主要目标，而不是企业内部的利润最大化。

上述城市水务产业的产品和服务的特点，决定了该行业产品的提供必须由政府、市场以及私人志愿的共同参与，是一个集多元化供给主体、多层次多群体需求主体的垄断性市场，这也决定了政府在这个市场上要担负多种职责，发挥重要的作用。不仅要承担起那些外部性较大的水产品供给，还要采取各种激励政策鼓励私人资本的进入，在融资领域不断推进制度创新；发挥规制职能，在城市水资源严重稀缺的情况下制定科学的城市用水定价机制，创造良好的市场秩序，处理好经营者和消费者之间的关系，提高全民的福祉。

7.1.1.3　水资源的地域特点，容易发生管理权限交叉、造成责任不明

水资源有其独特的地理分布，如表 7-1 所示，我国的水资源依据江河湖泊的分布分为 10 个水资源一级区，北方六区为松花江、辽河、海河、黄河、淮河、西北诸河六个水资源一级区，南方四区为长江、东南诸河、珠江、西南诸河四个水资源一级区。北方各省级行政区主要以地下水源供水，其中河北、北京、山西、河南、山东、辽宁和内蒙古等 7 个省（自治区、直辖市）占总供水量的50% 以上。南方各省级行政区以地表水源供水为主，大多占总供水量的90% 以上。这些水资源区横穿各个行政辖区，与行政辖区的地域界限发生冲突，使得各辖区之间在水资源的开发利用和管理上互相影响、彼此掣肘。在管理权限没有明确划分的情况下，经常发生水资源的争夺、水污染的互相指责、彼此推诿的现象，具体到各个城市内部的不同辖区，这种情况同样存在。因此，水资源这种不同于其他公共品的特点，决定了在构建管理体制时必须职责清晰、权限明确，在进行具体的商业运营时必须界定产权，明确责任。这样

才能保证水务产业的顺畅运行。

表 7 - 1　　　　　2004 年各地水资源一级区水资源量　　　单位：亿立方米

水资源一级区	降水量	地表水资源量	地下水资源量	地下与地表水资源不重复量	水资源总量
全国	56876.4	23126.4	7436.3	1003.2	24129.6
松花江	3854.0	1007.8	429.3	182.1	1189.9
辽河	1638.4	335.7	183.2	83.3	419.0
海河	1686.6	137.9	237.7	161.6	299.6
黄河	3353.7	518.5	352.4	109.5	628.0
淮河	2537.6	511.6	391.9	240.7	752.2
长江	18546.8	8633.6	2259.5	100.9	8734.6
其中：太湖	387.4	109.4	39.8	15.6	125.0
东南诸河	2945.4	1313.3	388.3	10.4	1323.8
珠江	7359.3	3500.9	860.9	12.0	3512.9
西南诸河	9404.8	5969.3	1547.3	0.0	5969.3
西北诸河	5513.8	1197.7	785.7	102.7	1300.4

资料来源：http：//www.mwr.gov.cn/，中华人民共和国水利部《2004 年中国水资源公报》。

7.1.2　城市水务产业的市场环境

长期以来，我国水务市场基本由政府行政垄断，市场化程度低，效率低下，供水价格偏低，污水处理率不高，水务企业基本上是保本经营甚至亏损经营。改革开放以来，国内需求、供给环境的巨大变化，国外先进技术设备以及管理经验的引入，都使城市水务市场面临挑战和机遇。

7.1.2.1　需求要素

1.人口膨胀和城市化的迅猛发展使水务市场容量巨大，发展前景乐观。城市水务产业的市场容量是巨大的，这从当前较为严重的供需矛盾的现状可窥一斑。一方面城市水务产业的消费者群体比较固定，水产品的需求弹性低，而我国正面临城市化的快速发展，人口迅速膨胀，城市用水污染问题的日益严重，对水务产品的需求迅速增大。另一方面，由于长期以来我国城市公用水务行业投资渠道单一，政府投入又严重不足，水务设施普遍陈旧落后，无法满足需求的巨增。我国"十五"计划将新增城市供水能力 4500 万立方米/日，年产值从六七百亿元提高至将近 2000 亿元，年增长率保持在 15% 左右，供水普及率将达到 98.5%；2005 年之前，各城市必须建设污水处理设施，城市污水处理率将达到 45%。从 2003 年起，所有城市开征污水处理费，到 2010 年，城市排管普及率和城市污水处理率将分别达到 90% 和 60%。① 如果把我国现有的城市水资源与相关环保设施存量资源的经营资产考虑进来，估计平均每个地级市在 8 亿~12 亿元左右，每个县城在 3 亿~5 亿元。② 可见，城市水务产业的市场容量是非常巨大的。

2. 随着经济发展水平的提高，居民水资源的环保意识逐渐加强，对城市水务产业的发展提出了更高的要求。我国是一个水资源浪费比较严重的国家，水资源的利用率非常低，这已成为一个严重的社会问题，并制约了我国经济的纵深发展，在很多地区，如西北，水资源的短缺已经使工业无从发展，并严重威胁到居民的正常生活。2004 年一年，我国全国的用水消耗总量为 3001 亿立方米，其中农业耗水占 77.0%，工业耗水占 9.3%，生活耗水占 12.1%，生态耗水占 1.6%。全国综合耗水率（消耗量占用水量的百分比）仅为 54%。远远低于世界平均水平。不同的地区、不同消费群体的消耗量也有较大差别，旱地区耗水率普遍大于湿润地区，各类用户耗水率差别较大，农田灌溉为 64%，工业为 23%，城镇生活为 30%。同时，我国的污水排放量也是惊人的，2004 年全国污水排放总量 693 亿吨，其中工业污水占 2/3，第三产业和城镇居民生活污水占 1/3。这些现象与我国长期以来粗放型的经济发展模式有关。因此，节约用水成为全社会的共同目标，对城镇居民来说，尤为迫切。2004 年，全国人均用水量为 427 立方米，其中，城镇人均生活

---

① 王倩：《我国水务行业现状及发展趋向》，载《问题研究》，2004 年第 1 期，第 18~19 期。
② 罗洪明等：《城市水务市场特性与风险的初步探讨》，载《市场周刊·财经论坛》，2003 年第 8 期，第 80~84 页。

用水量为每日 212 升（含公共用水），农村居民人均生活用水量为每日 68 升，万元工业增加值（当年价格）用水量为 196 立方米，农田实灌面积亩均用水量为 450 立方米。城市居民的生活用水量为农村居民的三倍，工业用水量更是惊人，并且工业排污成为水源污染的主要肇事者，为人们所诟病。因此，节约用水、强化污水处理，城市水务产业首当其冲。我国原有的陈旧的城市水务设施已远远不能满足这一要求，我国城市污水集中处理率只有 17%，而发达国家在 90% 以上，污水回用率在 72% 以上。① 因此引进国外先进技术和设备，从根本上提升全行业的生产水平，是必须而且迫切的。

3. 水务行业面临的需求是多样性的，这是由不同的辖区客观条件、不同的消费者群体特定的偏好组合决定的。水务行业需求的多样性受两方面影响：一是辖区的客观条件，如水资源条件、人口密度、经济结构、节水水平等；一是消费者群体特定的偏好组合，如消费者的经济支付能力、生活方式、受教育水平、环保的意识形态等。这从不同辖区各省级行政区的用水指标值可以得到反映。从人均用水量看，大于 600 立方米的有新疆、宁夏、西藏、内蒙古、江苏、黑龙江、上海 7 个省（自治区、直辖市），其中新疆、宁夏、西藏分别达 2532、1259、1022 立方米；小于 300 立方米的有山西、陕西、河南、天津、重庆、北京、山东、四川、贵州、河北等 10 个省（直辖市），其中山西最低，仅 168 立方米。从万元 GDP 用水量看，大于 1000 立方米的有新疆、宁夏、西藏等 3 个自治区，均位于西部地区；小于 200 立方米的有天津、北京、山东、上海、浙江、山西、辽宁等 7 个省（直辖市），大多位于东部地区，其中天津、北京分别为 74 和 78 立方米。

7.1.2.2　供给要素

1. 强大的政府预算支出——城市水利基础建设的有力保证。某些城市水务项目对公众安全和社会稳定影响较大，如防洪、抗

---

① 曹志来：《立体重组：中国水务产业改革途径》，载《经济研究参考》，2005 年第 50 期。

旱、水资源保护及生态环境等，政府投资仍然是主要的，这是由上述水务产品较大的外部性特点决定的。我国 2004 年中央水利基建投资计划共下达 278.81 亿元。其中，国家预算内拨款 68.74 亿元，占 24.7%，国债专项资金 198.29 亿元，占 71.1%；水利建设基金 11.0 亿元，占 3.9%；利用外资 0.78 亿元，占 0.3%。2004 年国家下拨用于防汛抗旱的水利建设基金和特大防汛抗旱经费 16.8 亿元，其中水利建设基金 5.7 亿元，特大防汛经费 6.2 亿元，特大抗旱经费 4.9 亿元。政府投资为主有利地保证了关系国计民生的重点水利基础建设项目的投资需求。但是，政府为主的投资体制也造成了水务行业效率的低下，财政预算短缺的困境使政府越来越难以承受巨额的水务建设投资需求。因此，随着我国市场经济体制改革的逐步深入，水务设施建设的法制环境和投资环境日益完善，引入其他的资本主体，多元化资本构成，使城市水务设施建设投资由国家的福利活动向市场的经济活动转化，是一个必然的趋势。

2. 私人资本的发展和外资的进入——城市水务产业多元化供给的前提。我国长期以来实行"低价福利性供水"政策，城市水务产业享受政府的财政补贴，在行业经营不善、连年亏损的情况下，给政府财政带来了沉重负担，单一的政府财政独力承担的方式已不适应形势发展的需要。在市场化运作程度高的水务行业引入私人资本，是解决资金不足的有效途径，是多元化水务行业供给的前提。

改革开放以来，经济的不断发展使私人资本逐渐壮大，开始主动向水务行业进军。2002 年 6 月，上海友联联合体与上海市水务局下属的水务资产经营发展公司签约，获得总投资额为 8.7 亿元人民币的上海市最大污水处理项目——竹园污水处理厂 20 年特许经营权，标志着民营资本正式进入我国水务市场。2003 年 1 月，山东邹平县河务局和水务局 300 多职工自筹 2100 余万元资金入股组建了邹平黄河供水有限责任公司，进军城乡供水业，从而成为民营资本进入山东城市供水领域的第一例。此外，2003 年 5 月，江苏省淮安市淮阴区自来水公司也将经营使用权以 2350 万元拍给了民营资本。一些较著名的民营公司如清华紫光、北京首创、中兴通讯、天津创

115

业、钱江水利等也纷纷进军城市水务产业。

随着城市水务产业国有独资经营格局的打破，经营机制进一步走向市场，外资也开始进入。2003年2月，上海自来水浦东公司与法国著名的投资主体威望迪集团签约转让评估价为7.6亿元的国有股股权，组建了中国第一家大型中外合资城市自来水公司。2003年12月，法国威立雅（5%）与首创通用水务（45%）受让深圳水务集团45%国有股权，投资额高达4亿美元，此前深圳水务集团净资产近60亿元人民币，这是中国水务行业最大购并交易。① 据威望迪集团的市场调查，上海目前的水价，在中国各大城市中尚属中下水平，与伦敦、巴黎等国际都市相比，更是具有巨大的调整空间。他们相信随着中国消费者收入水平的不断提高，投资中国供水行业从水价调整中所得的回报将越来越大。另一方面，中国自来水输送管网漏失率很高，经营管理成本偏高，跨国水务公司在合资经营中，可依靠自己的先进技术和管理，在压缩成本上得到不小的回报。② 可见，随着水务行业市场化改革的加快，利润空间逐渐显露，外资的加入将更有利于水务行业效率的提高，取得了国际竞争的资格，有利于实现WTO中开放公共服务业的承诺，提高综合国力。

7.2 城市水务产业中政府的供给行为③

7.2.1 我国城市水务产业中政府供给行为的演变

我国的城市水务产业脱胎于计划经济体制，原先的供给主体

---

① 曹志来：《立体重组：中国水务产业改革途径》，载《经济研究参考》，2005年第50期。
② 摘自2002年5月24日水信息网。http：//www.hwcc.com.cn/。
③ 本节主要探讨城市水务产业多元化供给的实现机制。对政府在水务产品生产中的决策行为和分配行为将结合政府的规制行为进行具体讨论。

完全是国有企业，随着市场经济的发展，多元主体合作的供给方式开始出现，并且在实践中不断成熟。因此，探讨我国城市水务产业中政府供给行为的演变，有两条主线：一是经营城市水务产业的国有企业自身经营管理模式的改革历程，一是政府与其他主体之间就水务行业产权和经营权完整性的让渡采取何种合约安排方式。

以城市供水行业为例，改革开放以来，经营供水业的国有企业自身的经营模式经历了三个发展时段。[①] 在这三个时段中，政府与其他组织的合作方式历经以下演变路径：从计划经济时期产权和经营权的政府高度垄断到转轨时期多元主体的介入，从中央政府大权独揽的单一供给方式到地方政府的逐渐分权自治，再到向某些私人部门回归。政府在城市水务产业的市场化、商品化过程中，对产权和经营权的收放中寻找最佳的契约合作方式。

第一阶段（1984～1992）：长期以来我国水务行业基本处于自然垄断经营的状态，水务企业基本为国有资本独立出资，经营机制不灵活。在这一时段，国有企业经历了经营承包和拨改贷的改革。一方面，以实行企业经理负责制和多种形式的经营承包责任制为主要内容的改革全面展开。城市供水行业的企业在内部用工制度、人事制度和分配制度方面进行了广泛的探索与实践，企业内部激励和约束机制初步形成。为提高企业的运营效率和效益，供水企业开始实行了"以水为主，多种经营"的改革。另一方面，国家开始实行了对企业投融资体制的"拨改贷"的改革。开始打破供水业政府独家垄断的局面，初步实现企业由"福利水"向"市场水"的转变，为下一步引入多元供给主体创造了良好的制度环境。

第二阶段（1992～1998）：在这一时段，一批城市供水企业按照《公司法》的要求初步实现了改组和改制，成立了国有独资的有

---

① 余晖、秦虹：《公私合作制在我国公用事业领域的实践——中国城市公用事业绿皮书 NO.1——公私合作制的中国试验总报告之二》，载《中国经济时报》，2005 年 9 月 20 日。http://www.ccppp.org/shownews.asp? newsid =696。

限责任公司，建立起现代企业制度，真正成为自主经营、自负盈亏的经营实体。这使得城市水务公司得以高效地经营管理企业资产，通过内部挖潜和价格的进一步调整，提高成本回收能力和扩大再生产的能力。通过引入竞争机制，在一些地区，进一步打破了垄断经营局面，形成了多元化的供给格局。逐步建立起以国有供水企业为主、多种所有制共同发展的格局。

第三阶段（1998～至今）：这一时期的特征是以推动城镇化进程，寻求更多的城市发展资金为目的。在这期间，随着城市供水管网建设经营的对外开放，不仅大量外国资本进入供水行业，大量供水企业的资产包装上市，一些上市公司也纷纷转型进入城市供水行业。在一些城市，以水务资产为纽带的水务集团或水务资产运营公司开始组建，逐渐实现了项目投资多元化、企业运行市场化、行业监督法制化，构筑起监督、约束、竞争等管理体制和运行机制，提高了投资效益和运营效益。在政府的引导和规范下，城市供水行业向规范的市场化改革不断迈进。

7.2.2 城市水务产业多元化供给方式的探索

政府企业垄断经营的低效率要求城市水务产业必须引入其他的经济主体，采取多元化的供给方式，改善水务企业经营管理的落后和资金短缺的现状，提高整个行业的供给水平。但是，水务产业是一个集原水、输水、净水、供水、售水、排水、污水治理，以及相关管网建设与维护、设备生产等一系列产业节点形成的产业价值链（如图7－1）。此外，支持性的辅助产业还包括供水工程设计、施工、管网检测与维修、水表等节点（曹志来，2005）。因此，必须根据水务产业价值链具体产业节点的性质和特点来考察水务产品不同的市场化能力，采取相应的政府与私人的契约合作方式进行改革。

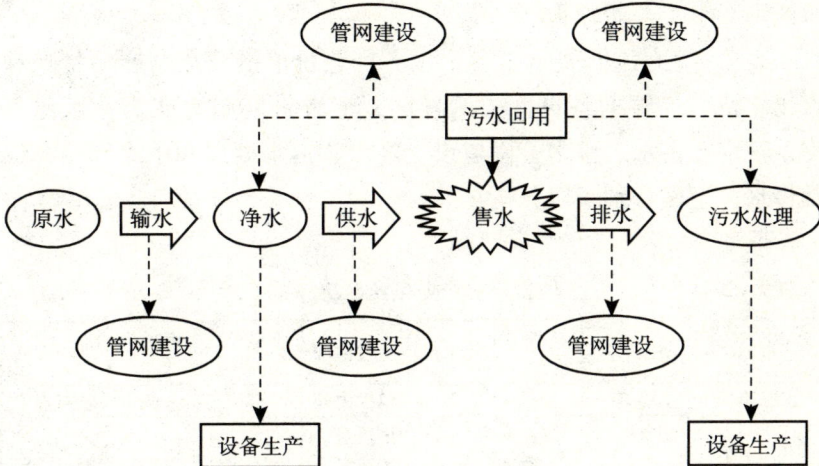

图 7 - 1　城市水务产业价值链

　　具体而言，在水务产业价值链中，原水主要是江河、湖泊、水库等自然形成或依据自然条件建设的资源；输水是从原水所在地到净水厂的管网建设与维护，与其他节点相比管径最大、投资较高，输水管网长度主要取决于原水产地与净水厂的远近；净水是指原水经过净化加工成自来水的节点，其净水规模及产量主要取决于用水量；供水是指从净水厂根据自来水用户的分布来确定其网络，可以说是遍布整个城市，基本是"一个或少数水厂对多用户"，比输水管网分布广且管径大小、条件等复杂得多；而售水则是自来水销售给用户并回收水费的节点，主要任务是要减少自来水漏失率并增加回款率；自来水用户用水过后自然会产生废水并需要进入排水管网流入污水处理厂，这里的管网建设基本是"多用户对一个或多个污水处理厂"，其特点与供水类似；水处理指将城市产生的污水经过加工变成可排放或可回用水的节点，污水能否回用以及是直接回用到部分自来水用户进入售水节点还是回到净水厂再回到水务产业价值链，一方面依据污水处理能力，另一方面也要考虑污水回用管网建设与自来水管网建设的重复与交叉问题。净水设备与污水处理设备相对管网建设的地域性来说有一定的通用性，与整体产业特性有所区别。

表7-2为我们展示了各个水务产业价值链节点的产品特点和市场化特性。根据各自性质的异同，笔者将其归为四类：水源治理；输水、供水、排水管网建设；净水、污水处理和中水回用；以及售水。下面分别予以分析。

表7-2   城市水务产业供给状况一览

指标		垄断程度	成本可控程度	外部性	受益范围	所需考虑公平性	市场化能力	供给方式
水源治理		极高	极低	大	辖区内外	多	低	政府提供
输水、供水、排水管网建设		高	中等	较大	少数对少数或者一对多	多	较差	国家控股
净水、污水处理	集中处理	中等	较强	大	辖区内	中等	中等	政府与私人合作
	分散处理	较弱	较强	大	少数人	中等	中等	私人提供
中水回用		较弱	较弱	大	辖区内或少数人	一般	较好	政府与私人合作
售水		极弱	强	小	辖区内	一般	高	私人提供

7.2.2.1 水源治理环节

水资源是重要的战略性资源和基础性的经济资源，是一个城市生态环境的重要要素。由于水资源具有地域的相对不确定性（在流域内可以流动）、数量的随机性（受天然降雨和人为影响）和用户的多元化（生活、工业、农业、生态、渔业、航运）等特点，使得水资源治理的成本可控性很差，水资源供给与质量方面受自然因素的影响不确定性也很强，水资源资产的实物量和价值量核定存在诸多困难。因此，水资源治理具有典型的自然垄断性质，外部性很大，受益范围往往与行政区划发生冲突，市场化能力较差，很难引入竞争机制，往往由政府垄断对水资源的支配权，独家经营。在我国，水资源所有权归国家所有，使用权分别由国务院和县级以上地方人民政府或者授权有关部门行使，水资源的开发利用权可以由个人、公司或者社团根据法律、法规设定的程序和要求，经相关部门批准，获得水资源的开发利用权，从事水资源开发利用，获得相应的收益，并承担相应的义务和责任。

要实现水资源的优化配置，可以在水权配置中引入市场机制。政府通过水权转让实现水的再分配，可以提高水的利用效率和使用价值，保证水的长期稳定供给。成熟的水权交易市场已是许多发达国家市场经济体制的重要组成部分。但是，我国由于在水权管理中存在的若干问题，如水商品化程度低、水权授予机构设置不合理、水权分配缺乏具体的规定、水权交易缺乏可操作的条件等，[①] 还不适合水权交易市场的具体建设和运行。但是，作为一个改革方向，是探索水资源治理环节政府最优供给行为的优先选择。

7.2.2.2 输水、供水、排水管网建设环节

输水、供水、排水管网建设环节主要依靠固定网络来传输产品，由于规模经济、网络经济等原因，传输网络设施具有较强的自然垄断性。其中，输水管网建设节点，主要是一对一或少数对少数，对整个水务产业价值链影响最大，自然垄断性质最强，供水与排水管网建设节点，主要是一对多，自然垄断性质相对较弱。同时，水务管网建设的外部性较强，对城市建设和城市软环境影响巨大，需要政府具有较强的控制力。因此，该环节的市场能力较差，需要实行独家经营的垄断市场结构。但是，由于固定资产投资量巨大，需要大量资金，单独一家或几家垄断厂商无力承负，必须要引入外部资金。因此该环节虽然具有较强的自然垄断性质，但可以通过对产权制度或经营体制的变通来引入一定的竞争和外部资金，以提高供给效率。

通过上述分析，该环节不再由政府垄断经营，政府与私人运营商较为合理的契约合作方式是国家控股企业经营。政府通过股权控制，既可以在企业经营中引入先进的管理经验和技术设备，提高企

---

① 蒋剑勇、方守湖：《水权管理的国际比较与思考》，载《水利发展研究》，2003年第 7 期，第 18～22 页。

业的经营效率，又可以吸引外部资金，解决资金短缺的难题。到目前为止，中国水务系统企业已有 3 家上市公司：原水股份、武汉控股、南海发展，法国威望迪集团和威力雅也向中国水务集团注资。中小型供水企业也进行了股份制改造，对部分或全部经营权实行委托经营、租赁或拍卖，逐步实现了市场化运作。

但是如笔者前文分析，政府股权控制、企业经营也存在很多问题，这与政府自身决策体制的低效率、规制能力的欠缺、规制手段匮乏僵化有关。在很多时候甚至会降低水务产业链的整体效率，降低社会福利水平。改革政府自身的管理体制，实现由政府股权控制向规制控制的转变，是优化政府与私人厂商契约合作的必然举措。

7.2.2.3　净水、污水处理环节

净水与污水分散处理环节，主要适用于居民小区、写字楼、大型酒店和市政管网难以覆盖的城市边缘地区，一般项目规模小，投资少，技术要求相对较低，电耗、材料成本、人工工资等成本因素的可比可控性较强，用户群明确，收费过程简单，垄断性较弱，市场化能力较强，利用多元化供给体制、吸引外资、引入竞争机制的可能性很大，较适宜于私人机构建设和运营。在我国，政府与私有企业以 BOT、TOT、PPP 等模式合营运作的污水处理项目发展迅猛。以北京市为例，在面向 2008 年北京奥运会的污水分散处理和中水回用项目中就有一个已经采用、5 个将要采用 BOT 和 TOT 方式运作。

相反，污水集中处理需要大规模地兴建城市污水管网，其建设成本通常占污水处理设施成本的一半以上，设施建设与运营投资大，收益率低，规划与建设的协调难度大，技术含量高，环境安全性要求严格。因此，在我国现阶段的城市污水集中处理设施建设中，政府还必须发挥主导作用。

7.2.2.4　中水回用环节

建筑中水回用系统是对介于建筑给水（上水）和建筑排水

（下水）之间的水处理和供给系统的统称。利用生活污水适当处理后回用于建筑物和建筑小区供生活杂用，可实现污水资源化，既节省水资源，又使污水无害化，保护环境，防止水污染，缓解水资源不足。在当前水资源日益紧缺，水费持续上升的情况下，建筑中水回用具有明显的社会效益和经济效益。中水回用的工艺组合优越，流程简洁高效，技术先进成熟；投资省、效率高，在保证出水水质前提下，比其他污水处理设备要节约投资 30% 以上；设备紧凑，占地面积小；运行成本较低，与相同用水量的自来水相比节约水费 50% 以上；运行安全可靠，管理方便；易操作，易维护，且费用低廉。但是，由于中水的回用范围及中水处理系统不同，中水的实际价格变化幅度很大。其价格取决于处理的要求，包括供给中水处理用的原水水质、水量和所需达到的中水水质标准等。另外水量的多少、处理厂站的规模、管线长短、实现的难易程度、投资规模等都会影响到中水的水价。因此，其成本可控性相对较弱。由于中水回用的外部性较强，对国家整体效益可观，但是对个体建设者而言，如果中水工程水价高于自来水价格，中水水价过低，中水回用工程不能带来经济效益，影响到企业追求利润最大化。[①]

因此，虽然中水回用的市场化能力较强，由于其外部性较大和成本的可控性较弱，在引入私人供给机制的过程中需要其他制度的支持和配合，政府的规制也要发挥作用。许多发达国家，由于实行的是"谁污染，谁付费"，城市污水处理回用是一门赚钱的产业。例如在美国，自来水水费中有 55% 是污水处理的费用，每个排放污水的居民和单位都必须缴纳污水处理费，政府通过招标，将污水处理厂转让给最有竞争力的私人公司经营，有力地促进了污水处理产业化的发展。我国中水回用尚处于起步阶段，仍需要政府与私人合作的方式实现该水产品的有效供给。

---

① 范晓虎：《"城市中水"在我国的应用及价格的问题》，载《中国科技信息》，2005 年第 17 期，第 139 页。

7.2.2.5 售水环节

售水环节，主要任务是将自来水销售给用户并回收水费，以减少自来水漏失率，增加回款率，补偿运营商的生产成本并保证一定的可获利润。售水过程中的销售漏失率、抄表率、回款率等可控可比因素受管理因素影响较大，可控性很强，因此，市场化能力强，引入竞争的可能性最大。完全可以由私人厂商独立提供。

上述将水务产业价值链节点分开单独讨论的方式并不意味着水务行业各节点可以分拆运行。水务行业中个别节点可以分拆运行，例如水源治理环节、售水环节等，但是，其他阶段所特有的外部性需要进行垂直一体化运行，例如，经污水处理厂排除的污水，将作为地表水重新被自来水企业作为水源，如果污水处理厂超标排放，污染程度越高，自来水厂的处理成本也就越大，将供水和污水处理进行捆绑改革实现一体化，可以将负外部性内部化。再比如，输水、供水、排水管网建设的一体化可以产生范围经济，资金、人力资本、土地、管网设施等资产专用性较低的资产利用率和管理效率提高了。我国当前城市的水务产业脱胎于计划经济体制，在产业化和管理中存在很多弊端，产业的分散化和管理中的"多龙治水"制约着水务产业改革的深化。如水源治理归属水利部门和其下属单位，输水有专门的工程指挥部或类似公司，净水，管网配送，城市供水归自来水公司，污水治理及排水管网建设归城建部门和其下属单位，水务产业价值链因行政体制分属不同的利益主体，许多节点处于相对独立状态，规划、建设与管理等协调成本和管理成本偏高。因此，在优化水务产业结构，发展多种供给方式的改革进程中，通过对水务产业价值链进行必要的分拆和一体化战略重组，针对产业价值链不同节点的特点选用适合的非公有资本参与方式（曹志来，2005），才能保证多种供给方式共同参与的成功运行。

7.3　城市水务产业中政府的融资行为

在很多国家和地区，城市水务产业在最初都是由政府投资、管理和经营的。但是，随着城市规模和档次的不断提高，旧有的水务系统已远远不能满足巨大的需求，而政府垄断经营的供给模式给政府财政带来沉重负担。在20世纪80年代末和90年代初，各国政府开始在融资领域进行探索，创新了多种融资手段，鼓励私人部门参与水务设施的建设和运营，引入私人部门的资金、技术和市场管理机制，打破传统的政府垄断式建设和经营的格局，减轻政府的财政负担。如拉美、北美国家和欧洲许多国家均以不同的形式把城市水务推向了市场，通过市场进行水务行业的资本运作，以多元化的融资方式解决水务产业的资金短缺难题，这已成为当今国际上的主导趋势。对于我国当前水务行业所面临的严重的供需矛盾及僵化单一的水务投融资管理体制说，将水务行业推向市场，运用市场机制来多元化融资方式、规范融资管理模式显得尤为迫切。

7.3.1　我国城市水务产业投融资现状及问题分析

7.3.1.1　融资呈现多渠道、多元化趋势；但是政府的投融资管理体制权责边界模糊，效率低下，致使融资渠道尚欠畅通，资金来源有限

为了改变城市水务产业由于资金短缺不能满足迅速膨胀的需求难题，在政府为主导的融资模式下，多元融资主体开始进入。以水利基础建设的投资为例，2004年，全国水利基本建设投资计划总规模为790.3亿元，中央水利基建投资计划共下达278.81亿元，其中，国家预算内拨款68.74亿元，占24.7%，国债专项资

金 198.29 亿元，占 71.1%；水利建设基金 11.0 亿元，占 3.9%；利用外资 0.78 亿元，占 0.3%。融资呈现多渠道、多元化的趋势。但是我国政府的投融资管理体制还比较落后，限制了融资渠道的进一步畅通。当前水务管理体制存在"多龙治水"现象，涉及城市水务管理的政府部门包括：水利部门、建设部门、发展改革部门以及环保部门等。这些部门虽出台了一系列推进城市水务产业化、市场化改革的文件，但由于相互协调不够，致使这些政策的系统性、可操作性均不强，存在城市水务管理政策模糊现象。同时，由于政、事、企不分，水利资产产权不清，所有者虚位，水务管理单位既是水利国有资产的监督管理者，又是水利国有资产的使用者、占有者和具体运营者，这使得私人资本难以与公共资本有效融合，限制了融资渠道的进一步拓展，融资量难以迅速扩大。

7.3.1.2 投融资制度创新活跃；但由于水务产业一体化程度较低，融资主体市场化能力较弱

改革开放以来，水务行业的成功改制有效地促进了投融资制度的不断创新，BOT、BOO、租赁运营、水务企业的兼并重组等融资模式在很多地区都得到利用，并根据具体情况进行了灵活变通。如四川瑞云集团成功地以内资 BOT、TOT 模式，经营了邛崃市自来水公司。但是，由于我国水务行业一体化程度普遍较低，水务产业价值链发生断裂，影响了整体的融资能力。根据最新统计，截至 2003 年 7 月 31 日，全国成立水务局及由水利系统实施水务一体化管理的单位共计 1206 个，占全国县级以上行政区总数的 50%。全国成立各级水务局 942 个，占全国县级以上行政区总数的 39%。水利系统实施水务一体化管理的单位共计 264 个，仅占全国县级以上行政区总数的 11%。只有上海市、黑龙江省、海南省在辖区范围内全部实现了城乡水务一体化管理，河北省 98% 以上的县市实现了城乡水务一体化管理，陕西省、山东省、江苏省、内蒙古、甘肃省、云南省、河南省、青海省等有 50% 左右的县市实现

了城乡水务一体化管理。①

7.3.1.3 融资政策法律法规不完善，缺乏良好的融资环境

良好的融资环境就是要通过建立健全水务融资的法律法规政策，以降低投资者的风险，保证收益，以便通过利润的获得进一步刺激投资。但是我国当前还没有构建起一个适应城市水务市场化改革的宏观法律法规政策环境，政府制定的相关配套政策措施不足，已有的政策措施发挥的作用也不够，有些法规交叉冲突，有些市场运作办法缺少依据。例如我国现有的排污收费制度还不健全，市场化条件尚不充分。尽管大部分城市都已建立了排污收费制度，但标准很低，在 0.2 ~ 1.2 元/吨之间。在河南，许多地市的污水处理费，最低的仅 0.05 元/吨，最高的也只有 0.3 元/吨，远低于污水处理厂的平均成本。而在垃圾处理收费方面仅有北京、南京、上海、珠海等大中城市立了收费制度，许多城市，特别是中西部城市的收费体系尚未形成，严重影响了垃圾处理市场化的进程。这样就无法给投资者提供合理的投资收益，自然难以吸引外来资本的进入，因此需要进一步完善相关的配套政策法规，以创造一个良好的融资环境。

7.3.2 投融资制度的创新

7.3.2.1 城市水务产业融资能力分析

在探讨城市水务产业多元供给时，笔者根据水务行业产业价值链中不同节点市场化能力的高低进行了具体划分，以便于根据水务产品和服务各自不同的特点提出具体可行的供给方案。在探讨水务行业融资制度时，笔者仍按照这一方法，将城市水务产业项目分为

---

① 中国水利国际合作与科技网 http：//www. cws. net. cn/。

公益性项目、基础性项目和竞争性项目三大类。见表7-3。公益性建设项目是指社会效益、环境效益明显，经济效益差、绩效难以衡量的项目。包括水源治理、防洪、抗旱等水利基础建设，环保、生态等。这类项目社会资本不愿投入，基本上要依靠政府投资主体承担。竞争性建设项目是指投资收益比较高，市场调节比较灵敏，具有竞争能力的一般性项目，包括污水分散处理、中水回用、售水等。这类水务设施建设项目由于财务效益好、盈利性较强、绩效易衡量而适宜社会参与投资，所以需大力推进市场化融资。介于二者之间的是在追求经济效益的同时兼顾社会效益的，包括输水、排水、供水管网建设以及相关管网的建设与维护、设备生产等，应在政府支持下多渠道吸引社会资金，使政府投资与社会投资并存，共同参与。

表7-3　　　　　　　　城市水务产业融资能力一览

项　目	包含节点	绩效评估难易	融资能力	融资方式
公益性项目	水源治理、防洪、抗旱等水利基础建设，环保、生态	难	弱	政府主导融资
基础性项目	输水、排水、供水管网建设以及相关管网的建设与维护、设备生产	较易	一般	政府与社会融资并存（PPP模式）
竞争性项目	污水分散处理、中水回用、售水	易	强	社会融资

7.3.2.2　融资制度的创新

1. 政府融资方式的创新。对于公益性项目以及大型的水务设施，由于盈利空间狭小，耗资巨大，民间资本不愿意或没有能力完全包干，必须由政府承担起融资任务。但是如果单纯依靠政府财政支出加银行贷款，由于财力有限和领导人的能力、任期不确定等问题，往往会使工程急需资金不能到位，工期不能正常如期开展，以致资金供给严重不足。因此，在政府主导下通过融资工具的创新吸引民间资本，扩大资金来源和融资渠道，是解决政府财力不足、实现公益性项目有效供给的必然趋势。政府可以借助资本市场，通过股票融资、债券融资、基金融资等方式。采用股份制方式经营水务基础设施；针对水务基础设施的专项建设部分地发行城市建设债券，将此债券的发行，以及项目建设、运营和还本付息等活动，建立在运用这些债券所形成的资产及其收益之上，并最终以资产转让和经营收益，作为还本付息的财产基础和资金来源。这种做法，能起到扩大环境基础设施投资来源、减少财政债务负担、提高投资资本化程度等多重功效。适时推出专项基础建设基金，以政府的部分财政收入作为还款担保，以合理且优厚的回报吸引广大居民投资。

对于小型水务基础设施建设，可以推行国际流行的 PPP 模式，即公共民营作制模式（指为了提供某些公共基础设施服务在公共机构与民营机构之间达成合作伙伴关系，签署合同，明确双方的权利和义务以确保某些项目顺利实施的管理模式。）PPP 融资具有成本低、风险小且资金来源稳定等特点。可以给公众更多选择的机会，促进竞争，提高基础设施的质量。PPP 模式包括许多种，如租赁承包、BOT、① TOT② 等。对于已经建成并正常运行的水务设施，可采用出售、租赁及经营和维护的合同承包方式；如果原有的城市水务基础设施需要更新改造的，可采用租赁（或购买）—建设—经营和外围建设方式；对于需要新建的基础设施，可采用

---

① BOT（建设—运营—移交）是指政府与投资者签订合同，由投资者组成的项目公司筹资和建设基础设施，在合同期内拥有、运营和维护该设施，通过收取服务费回收投资并取得合理的利润，合同期满后，投资者将运营良好的基础设施无偿移交给政府。北京经济技术开发区污水处理厂日处理规模为 10 万吨，总投资两亿元，其中一期规模为两万吨，投资约3200 万元，已于 2001 年底正式竣工运行，该项目采取 BOT 方式，由美国金轴公司与北京经济技术开发总公司代表开发区以土地使用权入股，合作公司负责开发区污水处理厂的设计、施工及后期运行管理，20 年合同期满后，污水处理厂转交给开发区自行管理。

② TOT 模式（移交—运营—移交）是指政府对其建成的基础设施在资产评估的基础上，通过公开招标向社会投资者出让资产和特许经营权，投资者在购得设施并取得特许经营权后，组成项目公司，该公司在合同期内拥有、运营和维护该设施，通过收取服务费回收投资并取得合理的利润，合同期满后，投资者运行良好的设施无偿地移交给政府。2002 年，深圳市出台了城市污水处理产业化实施方案，对 2000 年后由政府已建成的和"十五"期间将新建的污水处理厂，均采取 TOT 方式进行产业化改革。

BOT、TOT、BOO① 等方式。

2. 在股本市场上进行资本运作。对于那些原先由政府企业垄断的基础性项目，首先要对原有的国有水务运营企业进行股份制改革。股份制是外资入股实现合资运营的前提条件，并从体制上保证了投资者的投资回报。通过企业股票上市，既实现了多元融资，又建立起规范的法人治理结构，可谓一举两得。企业之间通过控股、参股、合资、合作经营等多种方式，可以实现水务行业上、下游企业之间的兼并和重组，使包括供排水、水电、水源工程、管网建设、节水、污水处理以及相关设备生产等一系列产业节点形成的产业链，改变以往过于分散的生产方式，实现产业一体化经营。通过股权转让吸纳社会资金和国外资金，可以实现产权主体多元化，引入社会资本的自身优势。例如，在国内参与水务行业投资竞争的各类型公司，有以运营管理见长的，如深圳水务；有以工程设备为优势的，如清华同方；有以工程施工经验为特长的，如金州公司；当然也有以资本运营见长的，如首创股份。截至 2004 年底，首创股份已经在北京、深圳、马鞍山、余姚、青岛、宝鸡、徐州、淮南等 8 个城市进行了水务投资。公司控股、参股水务项目的水处理能力已经累计达到 650 万元，服务人口总数超过 1200 万。在这些项目中既有股权收购项目，也有资产收购项目。有直接投资项目，又有通过与战略伙伴成立的合资公司间接投资的项目。② 上海浦东自来水公司在 2002 年正式将 50% 的股权转让给法国通用水务公司，成立我国第一个集制水、输配、销售于一体的中外合资自来水有限公司。法国苏伊士里昂集团通过购买股权的方式已参与了中国 100 多个水厂的建设，直接经营的水厂有 13 个，投资额达 2.1 亿美元。

3. 建立水务企业债券市场。对于拥有独立法人资格且经营绩效

---

① BOO 模式。按 BOO 模式建设的项目的所有资产属民营，以民间资本投资为主，政府可以给一定的补贴，有的行业也可以没有补贴。这一模式对运营效率提高明显，新增服务增加较快，经营期限一般是土地出让合同或其他特别合同规定的期限。如外资企业经营期限为 30 年，经营期满，合同就结束了。

② 李蓓蓓、梁延军：《浅谈如何以项目公司的形式参与水务投资》，载《北京水利》，2005 年第 4 期。

良好的水务企业，可以直接由其面向社会进行筹资。发行企业债券，是国外比较成熟的做法。由于我国企业债券市场还处于起步阶段，因此，首先要培育扩大水务企业的债券市场，充分利用国内市场，扩大水务设施建设债券发行的规模，依托水务建设项目，相对固定每年发债规模和时间，树立起良好的水务建设债券信誉，为今后长期持续融资奠定一个好的基础。其次，要明确水务企业的发债主体，合理分担还债压力。对于有条件的建设项目，可以公司名义发行专项建设债券，独立承担还债责任。再次，结合水务企业改制上市，通过发行可转换债券，适时将企业债权转换为股权，合理企业的资产负债结构。有条件的企业还可通过金融机构发行境外债券，利用其筹资速度快对资金的使用限制少，还款期长等优势进行融资。

4. 鼓励私人资本直接投资。对水务产业竞争性的项目可以鼓励私人资本直接投资，对竞争性差的项目，可以根据产业价值链的不同节点进行项目分拆，通过出卖特许经营权的方式，降低民间资本进入的门槛。民间资本可以采用联合、联营、集资、入股等方式组成股份有限公司，直接进行投资。对于需要引进的国外先进的技术设备，可以采取融资租赁或经营租赁的方式。

除上述较为正规的融资制度创新外，还可以通过一些间接的渠道筹措资金，如可以设立水务产业投资基金，通过向多数投资者发行基金额设立基金，将大量分散的社会资金集聚起来，通过专家理财转化为有效投资；使用社会保障基金，将居民储蓄引向购买社会保障债券，允许社会保障基金优先进入一些重大的水务基础设施项目投资，既降低了融资成本，又保证了社会保障基金的本金安全；采用金融信托，由信托投资公司以代理他人运用资金、筹集资金、买卖有价证券、管理财产等方式吸引社会公众资金，将其投入水务产业投资领域，进行具体项目的建设。

7.4　城市水务产业中政府的规制行为

由于水务产业是一种具有自然垄断性、经营地域性、公益性及资源稀缺性的"网络型"产业，政府对其规制主要集中在价格规制上，这也是当前我国城市水务产业改革深化的难点和焦点。本节主要针对城市水务产业中政府的价格规制行为进行探讨，以图提出合理的政策建议。

7.4.1　城市水价规制存在的问题

7.4.1.1　水价形成机制不合理

城市用水作为一种可交易的商品，其价格的形成离不开水市场的供求关系。因此，水市场的存在是水价形成的前提条件。虽然我国目前已将水价放开，但是健全的水资源市场并未真正形成，水资源的分配主要通过取水许可证的办法来实施，根据取水用户提出的取水计划及各级水行政主管部门制定的用水计划来核定、审批。水价的制定相当程度上要依赖传统的行政手段，行政性水价形成机制不能真实地反映水资源的供求关系，致使价格机制不能实现其应尽的职能，反而导致了城市水价一味地上涨。既没有促使水务企业降低生产成本，改善经营状况，提高生产效率，也无助于唤醒人们的节水意识，因而无法改变水产品使用中短缺与浪费、污染并存的现状。

7.4.1.2　水务行业没有全面的科学核算体系，定价机制僵化

改革开放以来，政府逐步放开原先的统一水价，对城市供水采取按照成本加成原则实行分类定价。但是，由于还未建立起有效的价格规制模式，政府在制定水价时带有相当的主观随意性，主要由独家垄断经营或寡头垄断经营企业根据水务行业利润制定价格，以企业的个别成本作为定价依据。成本加合理利润的定价方法比较简便，可以保证经营者获得一个比较合理的投资回报。但是，这种类似于"实报实销"性质的定价方法会刺激经营者不断增加资本投入，使成本进一步膨胀。对利润率确定上的讨价还价可以使增加的

成本通过价格提高转嫁给消费者，无法激励企业提高生产效率，降低成本。同时，定价机制的僵化使不同的水产品之间在成本和利润上不能有效配合，妨碍了水务产业一体化的形成。例如我国过低的自来水价格使得中水回用基本无实现可能，因为建造中水设施初试投入及日常运行成本都高于自来水，因此其价格必须要高于自来水价格才能弥补其成本，但过低的自来水价格使人们不可能放弃使用便宜、安全、方便的自来水而去用中水。

7.4.1.3　水价规制机构效率低下

由于长期以来水务行业管理机构存在政、企、事不分，导致产权不清，所有者缺位，职责划分模糊。作为水利国有资产的管理者，既具有监督管理的行政职能，又直接占有和具体运营水利资产，既为社会提供某些水务公益性服务和产品，又直接经营和管理企业，集规制者和被规制者于一体，监管与运营职责不清，责任不明，效率低下。在管理过程中，重行政管理，轻市场引导，缺少法律和市场的监督，主观随意性大，公正性、透明度低，缺少必要的价格监测机制，不能为水产品价格的后续管理提供信息支持。对水价格的监督检查力度较弱，消费者的福利无法得到切实的保证。

7.4.2　重构科学、系统、高效的水务产业规制

鉴于上述的种种不尽如人意，要使政府水价规制行为真正切实有效，就不单单是采取科学的定价方法，还要重视水价形成机制和管理机制的改革。

7.4.2.1　合理界定水权，构建城市水市场

水资源市场的建立是实行水资源科学定价的前提，因此，构建水资源市场也就成为我国当前阶段政府对城市水务产业规制的一项重要职责。水资源市场是指由国家统一进行宏观调控，以水权市场化交易为基础实现水资源优化配置和高效利用的市场（焦士兴，

2003）。水权与水权让渡机制是水务市场化的制度前提。因此，要构建水资源市场，需作到以下几点：

1. 合理界定水权。水资源产权或水权，是水资源所有权、水资源使用权、水产品与服务经营权等与水资源有关的一组权利的总称（杨君昌，2002）。我国水资源所有权归国家所有，因此，要按照市场模式界定水权，实质是对水资源的所有权使用期权（可用水份额）和实际使用权（实际用水份额）的界定。对水资源的所有权使用期权的界定要遵循国家安全原则、优先权原则与共同发展原则。[①] 在国家安全方面，要根据城区人口的利用量和当地的生态系统对多样化的经济用水需求进行分配；在优先权方面，根据地域优先、时间优先、经济效益优先的原则，确定使用期权；在共同发展方面，欠发达地区应能优先分配水权，发达地区可以通过在市场上购买水权以满足快速发展对水资源的需求。水资源的所有权使用期权和实际使用权之间的差额可以进入市场，通过竞买竞卖的方式实现水资源的再分配。

2. 构建城市水权交易市场。对水权的初始分配是一个政府行为。要实现水资源的最有效利用，就要进入水市场进行水权所有者之间的水权转让与交易，包括买卖、交换、赠与抵押、出租、继承等多种处置形式，实现水权的再分配。构建水权交易市场，可以参照当前比较成熟的市场模式，比如仿照期货市场的相关模式建立水资源一级市场，在水权的初始分配中引入市场机制，举行水资源拍卖会，使实际用水份额得以优化配置；对市场化能力强、可实现流通的水商品建立二级流转市场，实现再分配，并吸引多种所有制成分的水商品运营商参与，放开价格，以满足不同消费者的需求。同时要建立相应的法律法规，规范水权交易市场的正常运行，保证水市场的价格波动能够真实地反映水资源的供求状况。

7.4.2.2　制定科学的水价规制机制

1. 科学的水资源定价机制。鉴于水务产业价值链不同节点的市

---

① 张刚、米大鹏、余向荣：《缺水条件下北京市水市场构建与水价形成机制》，载《水利科技与经济》，2004 年第 10 期。

场化能力的不同，对垄断程度高、不能完全由市场机制决定的水产品价格，政府必须发挥主导作用，进行直接定价。科学的水产品定价机制原则有以下四点：（1）实现成本补偿，促进水务多元供给机制的健康发展。要考虑市场化的因素和要求，把投资人的成本支出、运营费用及合理的投资回报等纳入定价范围。（2）通过不同水产品之间的合理比价，实现水务产业价值链的一体化重组。不同的水务产业节点的水产品价格之间应能互相配合，保证彼此之间成本得以补偿，从而实现产业价值链的畅通。（3）提高用水效率的激励作用。合理提高水价，能够唤起人们的节水意识，这对于水这样的稀缺资源十分必要。（4）维护公共利益，实现水产品在不同用户之间分配的公平性。对公益性水产品，如城市普通居民用水，是满足公民生存和发展的最基本需求的水产品，因此要保证城市贫困居民的基本用水需求，水价不能超出他们的负担能力。

国家计委、建设部颁布的《城市供水价格管理办法》规定：城市供水价格由供水成本、费用、税金和利润构成。水价组成应包括水资源费、成本水价和水资源污染处理费。水资源费主要用于水资源的勘探、评价、监测、规划以及为合理利用保护水资源而开展的科学研究。成本水价的实质是生产成本，体现的是生产水资源商品的资金和劳动力的投入。实行分类型定价，分季节定价，分级别定价，按成本定价。成本和费用的核算按国家财政主管部门颁发的《企业财务通则》和《企业会计准则》等有关规定核定。输水、配水等环节中的水损可合理计入成本。污水处理成本按管理体制单独核算。当前在全国已有部分城市进行了水价改革探索，建立了更加科学、灵活多变的定价机制，如深圳市建立了不同投资主体、不同用途原水水价、自来水分类价格机制、超计划用水累进计价制度；上海市按照"补偿成本、合理盈利"的原则，进一步加强供排水运行、管理成本测算。建立由企业测算、中介评估、人大听证、政府定价等环节组成的水价形成机制，提出与经济社会发展同步、分阶段有序推进的水价调整计划。表7-4是美国采用的水资源定价方法，有服务成本定价法、支付能力定价法、机会成本定价法、增值成本定价法和完全市场定价法，根据水产品特点、市场化能力、供需状况以及消费者偏好等因素灵活制定，是比较成熟的市场化的定价方法，很值得我们借鉴。

表 7 - 4   美国采用的水资源定价方法及其应用情况

水资源定价方法	基本概念	应用情况
服务成本定价法	服务成本包括投资成本、管理成本以及运行维护成本等用于水资源生产的成本。当拥有公共事业的投资者同时又是供水者时，投资回报也应包含在价格构成中	这是公用事业行业中的传统定价方法，常被供水机构所采用
支付能力定价法	在这类定价机制下，对某些用户群体或某些类用水，实行的定价会比供给成本低，这时，收入差额可以通过电力销售等其他可能的经费来源或其他用户群来提供	支付能力定价属社会收入再分配的一种方法，一般只适用于那些不能支付供水服务全部成本的用户。在美国西部这一定价机制在联邦垦务局项目中最为突出
机会成本定价法	在机会成本概念下，供水的收费是为了回收投资的实际成本，即同样的投资投到其他地方可能取得的社会价值以及由于实施现有投资计划而放弃的其他机会可能实现的收益。利用这种方式制定水价时，客户所能承受的实际水价可以通过其支付意愿和消费水量得以验证	机会成本是一种常用于公共投资的水资源开发项目，特别是由工程兵团和联邦垦务局建造的联邦投资项目的定价方法
增值成本定价法	增值定价（或边际定价）制定的价格等于生产最后一单位供水的成本。最低供水成本通常随着后续水资源开发成本的日益增加而增加。有人推荐对供水采用统一定价作为调节消费和推迟资本耗费的手段，定价应能够反映新增单位水资源的生产成本	近年来，为了合理利用水资源，促进节约用水，有些州的管理部门开始用边际成本计算水价
完全市场定价法	分散化的市场体系使得实际用户能够将其用水价值与其他人的潜在用水价值相平衡，价格可以随供给上下波动	由于加利福尼亚州近些年的干旱，在现有的水权结构下已经出现了一些短期水资源转让，部分农场主将他们日常的农作物用水转让给可向他们支付足以促使其放弃农业用水的资金的买方

资料来源：段治平：《借鉴美国水价管理经验，推进我国水价改革》，载《山西财经大学学报》，2003 年第 6 期。

2. 制定合理的水价规制，实行间接管制定价。笔者上文所探讨的水资源定价机制实质上是为政府实行直接管制定价行为提供实现工具，这对于水务产业这样一种公共品而言是十分必要的。但是，政府直接管制定价不能形成对公用事业经营企业的激励相容机制，无法刺激企业提高经营效率，并造成对企业的成本监控失效。因此，必须采用间接管制定价的方法予以配合，以求尽可能避免政府与企业间的成本信息不对称问题，使企业在管制框架下寻求最大利益的同时，自动提高生产效率，降低生产成本，从而提高社会福利水平。在水务产业比较发达的英美等国家，对水价的间接规制普遍采用的有联合回报率规制、价格上限规制、特许投标规制和区域比较竞争规制等。[①]

（1）联合回报率规制。联合回报率规制是以投资回报率为基础的一种规制方式，规制者根据被规制者提出的投资回报率申请，在具体考察那些影响价格变化的因素后对其作出调整，最后确定一定的投资回报率范围，以供被规制者在该范围内自主确定投资回报率，只要厂商努力降低成本就能获得实际收益率高于确定的投资回报率的好处。这种价格规制方式的关键是确定合理的投资回报率，规制者往往要与被规制者通过讨价还价的方式予以确定。美国政府主要按照国民经济中未受规制部门的平均收益率来确定公用事业的投资回报率。

联合回报率规制的基本定价模型为：

$$R = P \times Q = C + S \times RB$$

其中，R 为收入函数，取决于生产数量 Q 和产品价格 P，C 为生产成本，S 为政府规定的投资回报率，RB 为计算基数。该种规制方式有利于吸引境外资本和民间资本进入水务行业，可行性较强。但是，也存在缺陷，会导致企业的过度投资而形成行业生产能力过剩，资本产出率低下，即阿弗奇和约翰逊（Areech & Johnson，1962）所定义的 A – J 效应。

---

① 方惜、许引旺：《城市水务产业的价格规制改革：规制重构》，载《水利发展研究》，2005 年第 8 期，第 42 ~ 45 页。

（2）价格上限规制。价格上限规制指规制者与被规制者之间以合同形式确定价格上限，被规制者可以在这一上限之内自由定价，形成一组次优价格组合，从而既保证提供产品的企业不亏损，又努力实现社会福利最大化，一旦确定了价格上限，成本越低，产出率越高，则企业的利润空间越大。英国自来水行业具体采用了价格上限规制的 RPI – X 模型（LiHlechild，1983）。RPI（retail price index）表示零售物价指数，X 表示一定调整期内生产效率增长的百分率。PRI – X 机制是以社会零售物价指数减去生产效率增长率决定公用事业的价格上涨率的上限，模型简单表述为：

$$P_t = P_{t-1} \times (1 + RPI - X)$$

P_t 为 t 时期某公用事业产品允许的最高名义价格，P_{t-1} 为该产品上一时期的名义价格。RPI – X 机制实际上形成了企业具有剩余索取权的合同机制：由于规定了企业产品价格上涨率的上限，企业既是提高生产效率、降低生产成本带来的利润增大的受益者，又是生产效率低下、高成本带来的利润降低甚至亏损的承担者。企业的利润目标通过提高生产效率的途径实现，恰好符合政府的生产效率目标，形成了一种激励相容合同。规制者在定价规制中也不必监控企业成本，只需重点监控与规定行业经济效率 X，从而降低了监控成本。但是，如何确定初始价格和生产效率，在现实中同样存在困难。

（3）特许投标规制。特许投标规制是在要求的产品提供数量和服务标准下，在诸多的投标人当中，规制者把自然垄断产业的特许经营权合同授予以最低价格提供服务的投标人，在这个价格下，中标人能完全享有成本下降后所带来的超额利润，因此会对中标者合理利用资源降低生产成本形成激励。通过竞争机制可以自发形成一个比较合理的价格，避免了规制者与被规制者之间讨价还价的低效率，又促进了经营者不断提高经营效率。特许经营方式非常适合我国当前吸引民间资本进入水务行业、解决投资不足的问题。但是，由于服务价格的调整是一个贯穿于特许经营整个过程的问题，影响成本和价格的各种因素随时都可能发生，需要在特许经营协议中确定价格调整的方法和程序，需要建立起科学合理的定价模型，这对水价管理部门提出了非常高的要求。同时，如果标书中对价格因素过于强调，会鼓励投标者为实现中标而低报标价，忽视了服务质量、投标人资质等要件。

（4）区域比较竞争规制。针对水务产业具有的明显的地域性特征，政府通过比较不同区域运营商的成本、价格、利润等指标，确定某个区域运营商所提供的产品或服务的规制价格。由此，厂商的价格和利润不仅取决于自身的投资和成本水平，还取决于其他厂商的投资和成本水平。因此，厂商要想获得更多利润，就必须努力降低成本，提高经营效率，实现投资回报最大化。但是由于我国不同地域的地理条件和经济发展水平差别很大，使得不同地域的水务运营商经营能力有很大差距，原因除了厂商自身的经营水平，还有相当的因素来自地域经济体制和政治体制，如东、中、西三部在市场发育程度、政府治理理念等方面都存在差别，如果单纯采取这种规制方法会造成区域竞争的不公平。

上述四种水价规制各有利弊，分别适应于不同的水务产业价值节点、不同的水务运营的经济环境和政府管理水平。例如，联合回报率规制适合投资不足的公益性水务项目，以利于引进更多的民间资本；价格上限规制适合竞争性较强的水务项目，促进运营商自身生产效率的提高；特许投标规制要求政府有较高的管理水平，还要有规范严格的法律法规环境；区域比较竞争规制在我国当前经济发展阶段还缺乏一定的实际可操作性，要进行具体的变通。在更多的时候，对上述规制方法进行综合利用，效果可能更佳。

7.4.2.3 改革水价管理体制，健全水价管理机制

如前文所述，由政府提供的公共品的供给成本包括三部分：决策成本、生产成本和政府代理成本。政府行为效率的高低直接关系到公共品成本的大小，从而影响着公共品的价格。当前城市水务产品相当一部分由政府参与供给，政府水价管理体制的运行是否高效，水价管理机制是否健全，是提高政府的决策行为和规制行为的

效率，实现水定价机制有效实施的重要的制度保证。

1. 水价管理体制的改革。针对我国当前水价管理中政出多门、政企不分的现象，要改革水价管理体制，首先要明确各水价管理部门的各自管理权限。对大型的、受益范围广的水产品、水利工程等，应由省一级的物价局和水利厅等部门进行管理，对中小型水利工程等水产品，应将管理权限下放到市、州、县（市区）的物价部门。这些水管理部门不能干涉企业的具体经营活动，不参加企业内部分配，不任命、管理企业的领导。同时要组建城市水务公司，统一规划、建设和经营管理水源、供水、排水和污水处理等工程设施，建立起自主经营、自我发展、自我约束、自负盈亏的现代化企业制度，完善法人治理制度，使城市水务企业真正成为独立法人，脱离与水价管理部门的行政隶属关系。

2. 水价管理机制的健全。水价管理机制应从以往的行政指令转变为行政指导调控下的市场调节，其具体职能包括成本调查、定价策略研究、价格制定、市场监测和价格监督检查等。建立对不同的水务产业经营模式下的产品成本分析模型，正确计算成本，如联合回报率规制下，企业可能虚报成本信息，致使价格虚高，监管者必须进行成本监督；根据水务产品的不同特征以及产品的市场供求、国家政策、消费者心理等多种因素实行相应的定价策略，充分发挥规制机构在市场宏观调控、价格宏观指导方面的优势；采取公开、公正、透明、合法的定价程序，协调投资者和消费者之间的交叉利益寻找价格的最佳均衡点；作好市场监测，根据市场供求变化和其他因素的变化为调节价格波动提供信息支持；进行价格监督，水务产业一体化下，由于不同水产品垄断程度不同，从事一体化经营的厂商可能会采取交叉价格补贴和转移成本的行为在垄断性产品和竞争性产品之间转移成本或利润，确保政府制定的价格贯彻执行，纠正违法价格行为，保护消费者权益。

第8章

案例分析（二）：我国社会保障 事业中的政府经济行为

8.1 社会保障事业的相关性因素分析

8.1.1 社会保障事业的产品特性分析

现代社会保障是由国家通过再分配手段，为社会成员提供的生存安全保障，保证劳动力再生产、社会安定、经济有序的制度、措施总和。其本质是政府为弥补市场失效提供的一种公共产品和服务。社会保障包含三大体系：社会保险、社会救济和社会福利。这三种保障形式在具体的保障范围、保障对象、保障目标及资金筹集、支付方式等方面有所不同，决定了各自的公共品属性有很大差异。由于社会保障与公共财政有着天然的紧密联系，公共财政为社会保障提供了制度支持，社会保障是公共财政的职责范围之一，要考察社会保障事业的产品特性，可以以公共财政的制度框架为依托，探讨政府在提供社会保障产品和服务中的责任范围。

公共财政是指在市场经济条件下，为履行政府职能和满足社会公共需要而进行的政府收支活动模式或财政运行机制模式。公共财政的核心是国家或政府为满足公共需要而提供均等化的公共服务。具有如下特征：第一，政府是公共财政分配的主体，处于主动的、支配的地位；第二，公共财政分配目的是为了满足公共需要；第三，公共财政收入取得具有个体的无偿性和整体有偿性；第四，公共财政分配具有公共性和非赢利性特征。公共财政在为社会保障提供制度支持的过程中，政府与市场有着各自的角色定位。

8.1.1.1　社会保险与公共财政

社会保险作为社会保障体系的核心部分，与其他保障项目最大的区别在于它是一种缴费制的社会保障，实行权利与义务相关原则，社会公民必须尽到缴纳保险费的义务，才有享受收入补偿的权利。这决定了社会保险是带有私人缴费性质的准公共产品，它满足的群体是有限的，即缴费者，它的互济性仅体现在参与群体内部。通过强制手段，可以使参与群体尽量扩大，它的准公共品边界也会发生模糊，逐渐向纯公共品过渡，直到覆盖了全部符合资格的劳动者，它的社会性、公共性才能得到最大化的发挥。

因此，社会保险具有混合公共品属性，并且根据社会保险项目的变化、缴费主体的变化而不同。这也决定了公共财政的职责变化。对于社会保险中的个人缴费部分，是劳动者购买保险的一种个体行为，公共财政承担有限责任，包括对税（费）的征收、资金流程的行政性、法律性管理监督以及保险金的行政性支付。对于社会保险中的社会统筹部分（通常由企业缴费和政府补贴组成），则是面向全体参与者的纯公共品，是社会保险的互济性和社会性的最本质体现，政府责无旁贷。公共财政要成为资金的主导性来源，在必要时起到财政兜底的作用，保证渠道和数额的稳定性；同时承担调剂功能，通过转移支付对缴费能力低下的参与者实行财政补贴和优惠，保证所有参与的劳动者都能享受到公平的社会保障。

以农村养老保险为例。由于我国当前社会保障制度存在二元结构，城乡两套制度存在割裂，农村养老保险制度建设刚刚起步，运行模式比较落后，与公共财政制度框架发生着冲突，导致：（1）公共财政缺乏必要的制度完整性。在农村养老保险领域的制度缺陷致使公共财政在职责边界、职能种类、政策体系以及操作工具等方面都存在欠缺，公共财政内部的权力部门之间也发生着混乱和冲突；（2）财政公共角色的倒退。由于现行的农村养老保险模式落后，公共财政在很多时候不得不倒退到集权模式下运行，致使财政功能的公共性、法制化、民主化受到削弱；（3）农村养老保险制度的建设难以得到公共财政的有效支持。某些时候甚至成为政府错位、缺位的藉口。解决上述矛盾的焦点集中在如何使公共财政与农村养老保险之间实现制度的耦合。这一工作不仅意味着需要对社会养老保障中公共财政职能范围的明确界定，还涉及农村养老保险中中央和地方、政府和社会组织之间财政资源的重新配置。

农村养老保险作为社会保障的必要组成部分，是维护社会稳定的安全网之一，是市场化程度日益提高的农村经济发展的助推器和减震器，是农村社会公平的调节器；公共财政是社会保障的经济基础和制度依托，为社会保障提供必要的物质保障和政策支持。二者在公共性、福利性、保障性、稳定性等方面是完全一致的。表 8-1从公共品角度对农村养老保险项目的产品属性做出界定。

1. 基本养老保险。该项目包括个人缴费（税）、统筹账户以及其他特殊的养老计划。（1）个人缴费（税）是农民的个体行为，属于私人财产，公共财政只承担有限责任，包括对税（费）的征收、资金流程的行政性、法律性管理监督以及养老金的行政性支付。（2）统筹账户是面向全体农民的纯公共品，是社会养老保险的互济性和社会性的最本质体现，政府责无旁贷。公共财政要成为资金的主导性来源，保证渠道和数额的稳定性；同时承担调剂功能，通过转移支付对经济欠发达地区的农民进行财政补贴和优惠，保证不同地区的农民都能享受到公平的养老保障。（3）特殊养老计划。我国农民群体发生了较大的分化，分为有土地农户、计划生育农户、失地农民和农民工，后三个群体是特殊时期的特殊现象，他们有的为国家人口政策做出贡献，有的因为当地城市化被迫失去土地成为无保障群体，有的因为户籍制度等的不公平成为社会保障的"边缘群体"，他们是改革成本的被动承担者，应为他们提供特殊的养老保障计划予以弥补。这是典型的公共品，是公共财政的职责范围。由于这些群体具有地域性特征，对他们的专项拨款，中央财政和地方财政应共同分担，共同管理。

2. 集体补充性养老保险。社会保险发源于市场经济，城市中的劳资双方是天然的责任承担主体和权利享受主体，并由工会组织管理监督。由于我国农村大部分地区仍是传统的农业经济，社会保险的责任主体明显缺位，但集体经济可以填补这一空缺。集体经济是我国农村实现统分结合、双层经营新体制的合作经济组织，具有强大的资本积累功能，是农村基层公共福利事业的经济基础和组织保证之一，是提高农民的养老保险水平的重要补充。

我国农村经济存在地区之间、群体之间的不平衡，需要区别对待。东部发达地区已基本城市化，乡镇企业发达，当地农民虽然有农业户口，但基本无土地，已转化为产业工人，社会保险的劳资双方已然存在，集体经济只起辅助性作用，甚至完全可以退出；西部不发达地区还保留传统的农业经济，农民还从事单纯的农业活动，因城市化而被边缘化的群体，如失地农民，集体经济要根据当地的资金积累状况提供必要的、辅助性的养老补助。

集体经济作为养老保险的补充层次，要与基本养老保险的统筹账户严格区分。基本养老保险统筹账户的承担主体可以是基层组织（包括集体经济），但必须纳入公共财政的运行体制；而集体补充性养老保险是由村、社区为代表的集体组织承担，集体组织拥有资金的筹集、运作、支付的权力，公共财政无权干预，但应对其监督管理，并提供必要的税收优惠和政策支持。

3. 商业养老保险。商业保险主要针对有自我保障能力的富裕农民，自愿参加，商业化运作。公共财政可以视特殊情况基于特定的税收优惠，鼓励农村金融机构、商业保险机构等多元主体的进入，不应干预具体业务，运用财政手段加强对保险市场的监管，为其提供良好、有序的竞争环境。

表 8-1　　　　　农村养老保险项目的属性与公共财政的职责界定

保险项目 ＼ 属性		消费群体	受益范围	公共品属性	公共财政职责范围
基本养老保险	个人缴费（税）	缴费农民	个体	私人品	征收、管理、支付
	统筹账户	全体农民	全国性	纯公共品	中央财政拨款、调剂
	特殊养老计划　计划生育保险	计划生育户	群体性	俱乐部产品	财政专项拨款（中央和地方）
	失地农民保险	被征地农民	群体性	俱乐部产品	财政专项拨款（中央和地方）
	流动农民保险	农民工	群体性	俱乐部产品	财政专项拨款（中央和地方）
集体补充性养老保险	养老金　乡镇企业职工	缴费职工	企业	俱乐部产品	税收优惠
	集体积累	村民	社区性	俱乐部产品	税收优惠
	地方性公共福利计划	区域性农民	地方性	地方性公共品	地方财政补贴
商业养老保险	个人保险	富裕农民	个体	私人品	财政监督

8.1.1.2　社会救济与公共财政

社会救济是保障社会安全的"最后一道防线"，保障对象是社会保险这道安全网保护不了的人群，是因自然灾害或其他经济原因、社会原因而无法维持最低生活水平的社会成员，所以它无需缴费，是以政府为主体提供的面向全体社会成员的一种纯公共品。因此，为社会救济提供坚强的经济基础和财力支持，是公共财政理所当然、义不容辞的责任和义务。可以将社会救济支出纳入到公共财政收支框架中来，设立专项预算基金，利用财政税收为其提供稳定的资金来源，利用财政专项支出保证资金支付渠道畅通。

由于大部分情况下，贫困发生的原因具有地域性、群体性的特点，社会救济体现为地方性公共品，这就需要中央财政和地方财政之间的合理分工，相互配合，共同承担。要求对公共财政框架下中央和地方政府之间的财权和事权合理配置，地方财政在承担主要事权的前提下，要有财权的必要保证，中央财政在下放财政权利同时，要勇于承担事权的责任。

8.1.1.3 社会福利与公共财政

社会福利是社会保障体系的最高层次，不仅保障个人和整个社会的生存需要，还要保证个人和社会有发展的可能。所以，社会福利是一种较高层次的公共品，政府的提供能力与本国的经济发展水平相关联，既需要政府财力的大力支持，又需要其他社会主体通过各种方式共同参与，多元主体共同提供。这根据社会福利项目的不同进行具体职责界定。

按照公共品理论，社会福利可以分为两类：一是面向全民的、完全免费提供的纯公共品性质的福利事业，如义务教育、环境保护、公共卫生、针对鳏寡孤独群体提供的专门救助等，这类社会福利的费用完全由国家负担，纳入公共财政的支出体系；二是地方性、专门性的福利事业，如住房补贴、取暖补贴、社区性福利事业等，它的消费群体可以界定，因此可以通过对消费者部分收费、政府财政补贴的方式提供。公共财政不再是唯一的责任主体，只承担有限责任。

以就业社会保障中的公共就业服务产品为例。传统的就业社会保障制度以失业保险为核心，因其消极作用备受诟病，公共就业服务作为较高层次的福利性服务体系，不仅可以直接提供就业安置和劳动力市场信息，而且是充分就业和开发生产力资源的伙伴、促进者和催化剂。它是政府合理参与劳动力市场的工具，还是开发人力资源、改善社会福利的需要。对该类产品的属性探讨，可以更深入地了解政府在干预劳动力市场领域时的行为边界和逻辑规范。

如表8-2所示，公共就业服务以国际劳动组织公认的四项基本职能为支点：（1）职业介绍。这是公共就业服务的最基本职能，目的是为求职者和空缺岗位进行撮合。不论在我国还是西方国家，该职能的特性都经历了一个从政府垄断的纯公共品到多元化供给主体的市场化过程。该职能的市场化表现在互联网技术的载体之下的自助服务的普及。求职者可以利用各种自助设施进行工作的查询而不再过多依赖公共就业服务工作人员。对于雇主而言，互联网可以为他们解决最通常的劳动力供给的需要。这些都意味着普通的职业介绍职能弱化，而高质量的职业介绍市场化能力很强，一般由私人职业介绍机构来承担。互联网技术在弱化政府某些职责的同时，针对弱势群体的个性化服务使公益性得以继续体现，这表现在对无法或不能利用自助设施的弱势群体、对不熟悉求职择业的人以及长期失业的人员进行个别辅导。（2）劳动力市场调整计划——政府为主导的多元化供给。失业的持续增长和劳动力市场的瞬息万变，使岗位匹配、直接创造和维持就业岗位等传统就业服务职能难以满足宏观势态发展的要求。劳动力市场调整计划因此出现，并在很多国家成为替代职业介绍基本职能的主要职能。目的是利用政府干预的方式对劳动力市场供给和需求的失衡状况作出调整，创造一种有利于劳动力市场开发新岗位的环境，以弥补政府在维持现有就业机会、创造持续性岗位中能力的不足。具体调整计划包括求职帮助、培训和教育计划、直接创造工作岗位和工作经验，以及其他各种综合计划。这些纵深领域的服务意味着服务受益群体的分化和范围的缩小，通常以小组甚至是一对一的方式出现。这些调整计划的种类繁多，有公益性较强的服务，也有可以收费的个性化服务，由服务受益群体的不同特性决定。由于劳动力市场中弱势群体占大多数，需要政府在多元化供给中把持其主导地位。诸如教育和培训一类的服务产品更多是由私人办学机构来提供，因此政府必须与这些机构建立亲密的合作关系，通过外包、特许经营或者"代用券"制度等市场化运作的方式实现与私人机构的合作。（3）管理失业补贴——消极的政府就业政策。失业补贴作为消极的劳动力市场政策，公共就业服务需要对其提供三种服务：提供求职帮助或再就业服务；持续资格认证与求职认证；以及对失业补贴计划的总体管理。为平衡失业补贴的消极作用，帮助领取失业补贴的人员尽快重新就业，需要对其提供求职帮助，如制定求职计划、接受教育培训等，以作为继续领域补贴的条件。这要求失业补贴与其他职能特别是劳动力调整计划密切配合，建立合作伙伴关系，至少在补贴管理机构、公共就业服务和地方一级的一站式服务机构之间保持这种关系。（4）开发劳动力市场信息系统——政府和私营机构共同参与的竞争性服务。劳动力市场信息开发职能对消除失业是间接性的，但它是自助服务最主要的信息提供者，这也决定了该职能的公益性。这一性质要求公共就业服务从全国范围搜集、加工、解释并发布劳动力市场信息，以满足不同客户的需求。但对信息的需求也造就了私营市场，公共就业服务机构不再是唯一的信息服务提供者，是政府和私营机构共同参与的竞争性服务。①

表 8 – 2　　　　　　　公共就业服务各类产品特性一览

	服务产品		外部性	受益群体	所需考虑公平性	是否可收费服务	市场化能力
职业介绍	求职者登记		—	—	—	—	—
	空缺岗位登记和分类		—	—	—	—	—
	职业中介		弱	私人或会员	中	可	中
劳动力市场调整计划	求职帮助	普遍和自助服务	强	共有	高	难	低
		组织小组活动	弱	会员	低	由受益群体特征决定	中
		个人帮助 职业指导	弱	私人	低	由受益群体特征决定	强
		个人帮助 深入咨询	中	私人	中	免费	强
		个人帮助 特殊咨询	强	私人	高	免费	低
	培训与教育计划		中	私人或会员	中	由受益群体特征决定	强
	创业计划		中	私人或会员		由受益群体特征决定	强
管理失业补贴	求职帮助和再就业服务		中	私人	中	由受益群体特征决定	强
	持续资格认证和求职认证		—	—	—	—	—
	基金管理					可	强
开发劳动力市场信息系统						可	强

---

　　① 贾海彦：《构建和谐社会背景下的公共就业服务制度的探索》，载《改革与战略》，2007 年第 3 期，第 25～28 页。

8.1.2　社会保障事业的市场环境

8.1.2.1　需求要素：参保人与受益人群体

作为公共品，社会保障的参与人（负有社会保障义务的组织和个人）与受益人（被保障人供养的亲属及社会救济群体）构成了需求因素，并影响着政府的职能范围：（1）需求群体自身禀赋（如收入能力、人口数量、健康状况、就业率等）和居住的地域范围等要素约束着政府提供的社会保障水平，决定政府部门介入的深度和广度。政府作为生产提供者，可以较容易获取参保者的有关信息，由此确定的社会保障提供水平也是合意的；具有特殊禀赋的受益人群体（如失业者、残疾人、迁移人口等），分布比较分散，作为社会的弱势群体，表达福利偏好的渠道不够畅通，政府必须动用工作人员利用行政力量进行实地考察，政府的这一信息劣势可能会制约社会保障提供水平的准确性。（2）需求群体的分化产生对社会保障产品需求的多样性。随着生产社会化程度的不断提高，社会保障的对象不断分化，新的群体不断产生，这使得政府面临的需求曲线更为复杂。要想使一项新的福利措施实现社会整体性的帕累托效率，必须考虑社会保障资源在多元化群体之间的分配格局。福利经济学补偿原理证明，社会群体分化越细，满足整体性的帕累托最优越成为不可能。解决这一问题的次优解只能是打破政府垄断的提供方式，根据多样化的需求，建立多元化的供给机制。

以公共就业服务为例。公共就业服务的客户群体可以分为六大类：新失业者；长期失业者；新进入劳动力市场者；企业富余人员；残疾人、农民工、妇女群体；以及想提高生活标准的已就业者（见表 8-3）。其中，新失业者是指原本有工作但因技能落后、所在单位关闭或者某些个人因素被抛入失业大军，这些人缺乏度过失业历程的经验，往往精神沮丧、求职迷茫，公共就业服务需要对其提供小范围的求职帮助，教授求职技巧，提高求职信心，或者提供培训使他们获得新的技能。对长期失业者而言，他们往往经历屡次失业打击，学习能力较差，存在这样或那样的再就业障碍，是最难也是最需要帮助的群体。需要实行"个案管理方法"，提供特殊就业咨询，制定长期就业扶持计划，进行持续追踪调查。这一职能在很多国家都得到了细致纵深的发展。对于新进入劳动力市场者，通常指应届毕业学生，他们掌握最新技能，但由于年轻而缺乏对职业的了解，公共就业服务除了对其提供职业介绍、求职咨询等外，应提供针对学生特点的直接创业计划，使他们尽快融入市场，科技成果尽快转化为生产力。企业富余人员在我国表现为下岗职工群体，一般技能落后，年龄较大，知识水平较低，需要接受再培训和教育，掌握新的技能，或者提供创业计划，直接创造就业岗位实现就业。对残疾人、农民工和妇女这些比较特殊的失业群体，需要公共就业服务提供个性化或小组范围的深入咨询和教育培训，提出针对他们自身特点的就业帮助。对想提高生活标准的已就业者，可以通过收费的方式予以提供或完全交由私营机构。

表8-3　　　　　　　公共就业服务产品的受益群体特性①

受益群体 / 服务产品				新失业者	长期失业者	新进入劳动力市场者	企业富余人员	残疾人农民工妇女等	想提高生活标准的已就业者
职业介绍				+	+	+	+	+	+
劳动力市场调整计划	求职帮助	普遍和自助服务		+	+	+	+	+	−
		组织小组活动		++	++	++	++	++	
		个人帮助	职业指导	+	+	+	+		++
			深入咨询	+	+++		++	++	
			特殊咨询	−	+++	−	+++	++	
	培训与教育计划			+	++	+	+++	+++	−
	创业计划			+	+	+++	++	+	
管理失业补贴	求职帮助和再就业服务			+	++		++	++	−

① 表8-3中的"＋"表示该职能对服务对象的帮助程度，"＋"的增多意味着程度增大。

通过表 8 - 3 的分析可以得知，公共就业服务要承担的职责主要体现在劳动力调整计划中，对于不同群体的服务强度有很大的差别。职业介绍一般通过自助方式实现，受益群体数量和规模也最大，是最低层次的服务；个性化服务或强化服务需要对求职者的技能、能力和兴趣等进行评估，提供有针对性服务，对工作人员素质的要求很高，需要较高层级的机构配合；这些评估会成为进入培训、再培训和创业计划的关键，而培训一类的最高层级服务需要更高级次的政府机构统一调配，使其能与私人办学机构顺利合作。

8.1.2.2 供给要素

在社会保障领域，资金、工作人员等资源的配比是最容易引起争议的问题。在中央政府一级，它是社会保障高层官员与政府之间激烈争论的焦点；在地方一级，管理人员总是要求更多的资源。作为规避人们生存危机、提高人们福利程度的重要服务产品，社会保障被赋予的意义总是被无限放大，可支配的资源越多，它产生的功效就越大，但这往往与政府紧缩公共开支的财政压力相矛盾。

社会保障作为一种强制性的公共品，参保人在享受保障福利的同时要履行相应的职责，主要体现为法律约束下的缴费行为。这使得社会保障的资金筹集问题相对容易。关键问题在于资金的运用和支付环节，表现为两个较为突出的问题：（1）资金的支出结构是否合理。这主要发生在非专款专用的社会保障项目上，如社会福利、社会救济等。正如前文分析，社会保障事业作为政府的非显性政绩指标，难以对政府官员形成直接的利益激励，政府在该类项目上的拨款总是有限的，紧缩的，这直接导致社会保障产品的供给不足、质量低下，社会总体福利水平下降。（2）资金支付是否足额及时。这主要发生在专款专用的社会保障项目上，如社会保险。支付危机的出现经常与资金使用的不透明相关，如社会保险基金的预算管理与政府财政捆绑，不能独立，随时会受到政府财政的侵犯、挤占和挪用。同时，还受到社会保险资金财务机制的影响，如现收现付下的养老保险基金，政府财政要起到财政兜底的作用，天然依托于政府财政，基金制的财务管理方式可以有效改变这一状况。

除了依靠优化政府的公共支出结构、完善社会保险基金财务制度外，社会保障资金来源的短缺也迫使政府在很多领域考虑适当收费和多元化运营的问题。很多国家对公共品属性的社会保障产品尝试采取私人运营的方式，如澳大利亚将大部分公共就业服务的职能交由私营化的组织来运作，私营、社区和公共部门在一种完全竞争的市场中，按照协议对失业人员进行就业安置；如智利对养老保险基金采取个人强制性储蓄积累的完全基金制的改革后，允许养老保险基金分散由具有竞争性的私营基金公司投资运营管理，政府则对其进行必要的监管。

但是社会保障私营化的变革趋势总是会触及公正问题，例如有研究表明，在领域向雇主收取职业招聘和行政服务费用期间，公共就业服务成为一种明显有利于雇主的服务。[①] 智利养老保险运营的私有化改革大大提高了资金的投资收益，但是也带来管理成本的大幅度上升，到 2004 年，账户管理费用累积占养老金资产的23.82%。智利模式是否成功现在还尚难下定论。

因此，社会保障资源的供给要求适当，既要适应于本国的经济实力，又要具有长远眼光，权衡公正和效率的关系，过分紧缩开支可能会导致未来福利支出的加大。合理资源配置，使社会保障的效率得以最大化发挥。

8.2　社会保障事业中的政府供给行为

社会保障作为公共品，产权外溢无可避免。因此，必须由政府、企业、个人三方建立多元化、多层次的契约合作方式，才能有效地降低产权界定的过高成本，内化产权的外溢。这需要将社会保障的产权、经营权在上述三方之间进行有效分配。公共品的供给方

---

①　国际劳工局：《变化中的劳动力市场——公共就业服务》，中国劳动社会保障出版社 2003 年版，第 26 页。

式主要由公共品的产权可配置性、资产专用性、交易的不确定性以及信息的可传递性因素决定。具体到提供社会保障品的合作契约安排方式取决于社会保障项目中资源（主要指社会保险的统筹基金、财政列支的社会救济基金、社会福利基金等）产权拥挤度、保障功能、保障对象数量和类别的可确定性以及保障对象偏好的信息可传递性。如表 8－4 分析，社会保障的产权外溢性主要集中在社会统筹基金以及由财政列支的部分，其中社会救济面向全体贫困群体，社会福利中的公共福利事业面向全体公民，资源的产权拥挤程度高，产权难以私有化，必须采取由政府为主导的公有化供给方式，这种契约安排方式可以最大化地消除资源使用过程中因"搭便车"造成的过度消费，保证有效供给。对于社会保险类项目，由于对受益群体有严格的资格条件限制（谁缴费谁受益），产权拥挤度低，可配置程度高，部分保险项目甚至可以实现私有化经营，通常是采取政府、企业、个人共同承担的三三制原则。

表 8－4　　　　　　社会保障的提供契约合作方式因素分析

项目 / 性质		产权拥挤度	保障功能	保障对象可确定性	信息可传递性	契约合作方式
社会救济		高	反贫困	贫困人口（难）	难	政府主导
社会保险	养老保险	低	养老	缴费个人（易）	易	三方合作
	失业保险	低	失业保险、预防和就业扶助	缴费个人（易）	易	三方合作
	生育保险	低	生育健康和基本生活	缴费个人（易）	易	三方合作
	工伤保险	低	工伤保险、预防和康复	缴费个人（易）	易	三方合作
	医疗保险	低	身体康健	缴费个人（易）	易	三方合作
社会福利	公共福利	高	提高生活质量	全体公民（难）	难	政府主导
	专门福利	低	提高生活质量	特定群体（易）	易	政府或单位

我国当前农村养老保险事业建设具有明显的阶段性特征，要规范政府的供给行为，仍然需要以公共财政为制度依托，公共财政不仅要提供基本的制度支持和物质基础，还要具备适应特殊时期（农村养

老保险的城乡差别、特殊的文化价值传统、养老保险的多层次、多样性等）的过渡性职能，同时根据农村养老保险项目的公共品属性，明确划分中央、地方、基层各自承担的事权，并配置相应的财权。从而有阶段性地、稳步科学地推动农村养老保险事业的健康发展。

8.2.1 根据农村养老保险事业的阶段性特征，完善公共财政职能

8.2.1.1 公共财政的基本养老保险职能

1. 筹资和转移支付职能。该职能对应公共财政的三大职能之一的收入分配职能。对于农村养老保险资金来源，公共财政具有法律和预算约束下的基本养老金的税收权和举债权，中央和地方财政根据养老保险公共产品的性质，合理分配财权事权，加大对养老保险的财政投入力度，为养老保障的建设提供稳定的、足够的物质支持。通过财政专项转移支付和特殊的财政补贴，调节农村参保人因经济实力的差别导致的享受养老保险基金的支付差别，公平养老保障待遇。

2. 基本养老保险金的保值、增值职能。该职能是对应公共财政的三大职能之一的公共产品资源配置职能。养老保险资金中的基本养老金属于公共产品，财政必须承担为其保值增值的职责。养老保险资金的运营要遵从多样化原则，公共财政职能也根据增值方式的不同具备多样化：（1）购买政府债券。养老金转化为公共财政投资，要优化投资结构，提高投资效率，让老年人分享经济增长的成果；（2）存入银行。银行存款主要会转化为私人投资，要求公共投资减少投资的"挤出效应"，处理好与私人投资的关系，提高资本回报率；（3）投资符合政策导向的项目。这是养老基金直接转化为公共投资，一般是具有长期收益的建设性项目，符合养老基金长期回报的特点，但风险大，要对投资项目科学决策，对资金运作严格管理；（4）进入资本市场。通过寻找代理机构，分散资本市场的过高风险，运用财政手段，为资本市场健康运转提供良好的环境。

3. 监督管理职能。实现经济稳定是公共财政的重要职能之一。

农村养老保险涉及公共财政的公共支出总量、结构，涉及中央和地方财权和事权的配比，不可避免地存在资金运作的风险，最后转化为支付风险。由于养老保险的公共性，风险往往由政府财政最后承担，如果应对不当，会引发极大的社会危机。因此，公共财政必须未雨绸缪，建立风险预警机制，包括基本养老保险基金收支控制目标的确立、基金运行过程的监测系统、支付风险的控制对策及实施等环节，加强财政风险管理能力，保证农村养老保险事业的可持续性发展。

8.2.1.2 公共财政的过渡性养老保险职能

1. 公共财政为主导提供农村养老保险的公共产品和服务。由于我国农村养老保险事业刚刚起步，农村经济基础、社会力量薄弱，但农民对养老保障的需求却十分强烈。在这种情况下，政府应当承担起主要职责，主导性地提供养老保障的公共产品和服务。在养老资金的筹资环节，应提高财政的公共支出比重。事实证明，在农村养老保险制度中，集体补助和地方财政补贴比例越高，就越能充分调动广大农民的参保积极性，有利于形成比较科学合理的农村社会保险筹资机制；在养老资金运营环节，财政应发挥积极的扶持作用；在农村老年公共福利事业的建设上，财政也要加强财政支持的力度，为广大农民群体提供均等化的公共服务。

2. 农村养老基金的自我独立循环能力要求公共财政予以充分的配合。我国当前农村养老保障以"自我保障"模式为主，养老基金基本是在财政体制之外独立循环，但这种模式不意味着政府就可以不作为。相反，公共财政要针对"自我保障"模式产生的制度不确定性、高风险等特点，采取各种措施，积极介入养老基金的内部循环，加强对养老金运作的监管，降低养老保险收益的不确定性，提高农民对政府的信任水平，保护养老保险主体之间的长期契约合作关系。

3. 公共财政应具备合理化解农村养老金财务风险的机制。公共财政是经济波动的内在稳定器。以"自我保障"为主的农村养老保险账户实行完全积累制，难以应对经济的剧烈波动，特别在通货膨胀时期，会导致养老基金的迅速贬值。而县级基金管理模式更加剧了养老保险的财务风险。因此，在现阶段，公共财政化解养老保险财务风险的重点在于加强对农村养老保险基金的保值增值功能，即将农村养老保险的资金运营权限上收，并入城镇养老保险基金，统一运作。这样区域性、群体性的养老金运营风险可以转化为全国性的社会风险，从而有效化解农村养老金的保值增值困境。

8.2.2　根据养老保险项目属性，科学配置财政级层的权力资源

我国农村养老保险事业一波三折，迟迟难以推广建立，农民自身素质低只是原因之一，主要制度性原因是基层财政的财权、事权不相匹配，无法为养老保险事业的建设提供足够的制度保障和经济支持。在经济利益驱动下，农村基层财政还未实现向公共财政的转型，仍然是生产财政，在养老保障的提供上，责任缺位、投入不足。应根据农村养老保险项目的公共品属性，明确划分中央、地方、基层各自承担的事权，并配置相应的财权。表8-5从较大范围上提供了中央、地方在农村养老保险建设中各自的事权。由于我国农村养老保险的阶段性特征，需要根据不同地区经济发展的不同情况，在地方（县、乡、村）一级继续细分。

表8-5　　　　　　　　农村养老保险中各级财政事权、财权的匹配

财政级次 相应事权		基本养老保险					集体补充养老保险		
		资金筹集			资金运营	资金支付	养老金		地方性公共老年福利
		统筹账户	个人账户	专项计划			乡镇企业职工	集体积累	
中央		公共支出	—	公共支出	监管	财政补贴转移支付			
省（市）		公共支出	—	公共支出	运营	财政补贴	税收优惠		财政补贴
基层	县级	—	征缴	辅助支出	—	行政支付	监管	监管	公共支出
	乡级	—	征缴	—	—	—		公共支出	辅助支出
	村级	—	征缴	—	—	—		公共支出	辅助支出

8.2.2.1　基本养老保险项目

中央和省级财政应承担大部分责任，包括资金筹集、拨付都要列入公共财政支出。其中统筹账户应完全由中央或省级财政负担；个人账户由农村基层组织负责资金的筹集，并上缴财政专户；专项计划可由中央和地方财政共同承担，根据不同地区的特殊情况特殊对待：（1）计划生育养老保险必须由政府提供，财政支撑，保证公共服务的均等化；（2）失地农民养老保险，应由受益主体共同分担，根据土地换保障的不同模式，政府主导型的应将土地出让金纳入养老保障财政专户，由政府财政统一管理，管理权限最多只能下放到县一级，防止资金的流失和滥用；商业型模式可将土地出让金或股权收益等交由商业保险公司运用，政府财政监管，对市场风险起兜底作用；（3）对进城务工的流动群体，应由中央财政为主、地方财政为辅建立专门的养老保障财政服务体系，时机成熟后再并入城乡统一的养老保障体系。对养老保障资金的运营管理，应由中央财政建立独立的专门性部门，采取集中管理模式，权限尽量上收。养老资金的支付环节上，中央、省级财政应承担转移支付的职责，使基本养老保障实现地区、群体的公平，基层财政仅仅承担资金的支付等行政职能，防范资金的随意流失。

8.2.2.2　集体补充养老保险

基层财政的事权应主要体现在集体补充养老保险项目上。根据当地经济发展状况，乡、村级别的集体经济组织提供辅助性的养老补贴，并在该组织的公共财政中列支，便于上级的监管。对地方性老年福利事业，应由县级财政为主导，乡、村级财政为辅，上级财政予以适当的补贴。乡镇企业为职工缴纳的养老保险，由当地政府监管，提供税收优惠政策，在适当时机并入城市养老保险体系。

8.2.3 公共财政框架下农村养老保险多元化治理模式

公共财政是法治财政、民主财政，对多元经济主体具有天然的包容性。鉴于我国农村养老保险事业的特殊性，不能建立像城市那样的集中统一的政府管理体制，针对农村养老保险中的部分具有准公共品或私人品性质的项目，完全可以引入社会经济主体，采取政府与社会组织多元主体共同参与的治理模式。

公共品的多元主体供给模式是当前世界各国较为推崇的公共事业治理之道。制度的先进性体现在：（1）由社会和政府共同分担提供农村养老保障的责任，可以从根本上缓解政府的财政压力；（2）我国农村地区地域辽阔，经济发展不平衡，传统文化价值观差别较大，农村居民群体不断发生分化，对养老保障的参保能力、需求内容、保障水平等存在多样化，情况复杂，地方供给主体具有明显的信息优势；（3）多元供给主体可以形成竞争格局，提高地方养老保险产品和服务的质量和效率。但是我国当前的农村养老保险治理模式与多元化模式还存在较大差距，表现在：（1）虽然实行属地化管理，但是地方县级财政是唯一的供给主体，由于地方财政主体的事权和财权严重不匹配，导致工作效率低，服务僵化；（2）农村社会力量薄弱，难以得到政府的有效支持。随着农村税费改革的逐步推进，农村集体经济组织受到了较大削弱，失去了应有的功能，农村的金融机构在商业化改革以来逐渐收缩农村业务，农村商业保险市场落后，农民投保能力低，风险大，成本高，发展缓慢。上述困境束缚了农村养老保险的多元化治理模式的建设。

要实现多元化治理的目标，从根本上解决农村养老保险受政府财政约束建设缓慢、水平低且层次单一、农村居民的多样化需求难以满足的现状，需要做到：（1）规范公共财政的制度框架，对可以由地方财政承担的养老保险项目，合理配置事权和财权，并对其建立严格的监督管理机制；（2）采取财政补贴和税收优惠等倾斜性政策，鼓励农村金融和商业保险机构进入养老保险体系，大力发展农村业务，承担具体的操作性业务；（3）在有条件的农村地区，鼓励发展非营利性社会公共组织。由农村养老保险参保人、集体经济组织、政府三方代表共同组成，成立农村养老保障委员会、理事会或基金会，从事养老保障的具体事务性工作，包括资格认定、待遇给付、资金收缴以及保险诉讼等。实行自治，经费来源可以是公共服务性收费、社会捐赠、财政补贴。政府只承担立法、政策制定和监督，无权干涉其正常业务。这样可以分担政府的负担，提高专业化分工程度，引入民众的监督，提高农民的参保积极性。

8.3　社会保障事业中的政府融资行为

在市场经济条件下，社会保障功能的最终实现都必须在社会保险基金提供的物质基础之上，通过基金的筹集、运用、分配达到保障的目的。交纳社会保险费（或税）是在法律的强制下公民必须履行的义务。在人口老龄化和财政压力下，我国的养老保险开始实行部分积累制，即社会统筹与个人账户相结合的模式，社会保险基金的积累额迅速扩大。据有关学者研究，我国目前的社会保险基金收益率很低，社保基金余额增值率大约只有4%，扣除通货膨胀因素后，收益率微乎其微。如何有效地实现社会保险基金的保值增值，成为政府融资行为的一个焦点。

8.3.1　当前社会保险基金融资领域存在的问题

8.3.1.1　社会保险基金的规模不断扩大，筹资渠道不够通畅

自2000年全国社会保障基金成立以来，基金规模稳步增大。2001年年初，全国社会保障基金余额为200.17亿元，到2005年年初，已达1659.86亿元，5年增长了730.23%。从构成来看，财政

拨款占绝对多数，国有股减持收入受政策影响变动较大。从支出方面看，由于全国社会保障基金的设立是为了应付未来人口老龄化高峰时期的需要，故当前支出不多。2001 年没有任何支出，2002 年支出了 60.19 亿元满足当年的社会保障需要，2003 年发生投资经营支出 30 余万元，2004 年支出 51.58 亿元，主要是社会保障基金受托管理的原行业统筹企业基本养老保险基金的本息。

尽管全国社会保障基金总额稳步增长，但与未来巨大的资金缺口相比仍然很少。近年来，管理层提出了诸多拓宽全国社会保障基金资金来源的计划，如加大划拨国有资产充实基金的比例，实现财政拨款制度化，在拨款时间和额度上相对固定，以便于理事会科学制订资产配置计划和年度投资计划，探索建立个人账户资产营运办法等，但要将上述设想真正落实还存在许多制约因素。

8.3.1.2 投资方式呈现多元化，但品种仍较单一，投资收益偏低

目前，我国社保基金投资方向基本包括四个方面：银行存款、国债买卖、投资企业债券及金融债券、进入证券市场。其中，银行存款和国债投资的比例不低于 50%，企业债券及金融债券投资不高于 10%，证券投资基金和股票投资的比例不高于 40%。投资渠道虽然呈现多元化趋势，但投资品种仍较单一。社保基金投资于银行存款和国债的资产占社保基金总资产的比重 2001 年达到 97.41%，2002 年为 97.6%。进入证券市场的资金量增幅较小，其投资比例还呈下降趋势。2001 年社保基金投资金融债券、企业债券和股票投资的资产比例仅为 2.31%，2002 年则下降为 1.5%。

社会保险基金的资本运作模式和原则是安全至上，风险较小的投资由社保基金理事会直接运作，风险较大的投资则委托专业性的投资管理机构进行投资运作。在这一原则下，虽然收益稳健增长，但效率较低。2001 年社保基金实现年收益率为 2.25%，2002 年为 2.75%，收益率仅仅相当于 3 年期银行定期存款利率。

表 8-6　　　　　　　全国社会保险基金投资结构　　　　单位：亿元

年　份	2001	2002	2003
基金总额	805.09	1241.86	1325.01
银行存款	519.99	938.79	600.17
国债	264.2	273.93	385.51
委托投资	0	0	318.87
新股申购	12.66	12.66	0
企业债券	1	1	1
金融债券	5	5	5
应收利息	2.24	10.48	14.46

表 8-7　　　　　　　全国社会保险基金投资收益　　　　单位：亿元

年　份	2001	2002	2003
存款利息	3.81	12.94	24.59
国债利息	5.83	7.52	7.6
其他债券利息	0.03	0.24	0.24
股票利息	0	0.3	0
委托投资收益	0	0	1.64
基金总收益	9.67	21	34.07
计提风险准备金	1.97	4.2	6.81
收益率	2.25%	2.75%	2.71%

资料来源：根据《2001～2004 年全国社会保障基金年度报告》整理。

8.3.1.3　资本运作权限下放，但基金管理分散，责任不明晰

2000 年 8 月，我国成立社会保险基金理事会，由理事会负责社会保险基金运作事务。理事会选择私人机构作为代理人，在其严格监管下负责具体的资本运作业务，包括鹏华、博时、华夏基金等 12 家代理投资机构。在代理过程中，也表现出了较好的投资效益。到 2005 年 12 月末，这 12 家代理投资机构中，组合最高年度收益率达 10.17%，此外，还有 5 个股票投资组合的年收益率在 5% 以上，但另有 5 家投资收益率为负数，最差的年度亏损7.01%。

资本运作权限的下放焕发了市场的活力，保证了社会保险基金一定的资本收益率。但是委托代理关系仍理顺不清。我国社保基金

理事会并没有明确地与政府分离，而是附属于上级主管部门，主管部门与基金管理机构之间形成一种部门内的"委托—代理"关系，在上下级组织关系中，基金管理机构缺乏独立的经营决策权，导致基金管理透明度低，缺乏监管，基金被挤占挪用现象较为严重，基金管理机构由于缺乏筹划基金保值增值的动力机制，投资效益低下。同时，我国社保基金主要以县为单位进行统筹和管理，全国社保基金分散在2000多个社保机构中。这一制度安排的缺陷不仅使基金管理层次过多，管理费用过高，而且导致基金的平均规模过小，难以实施较大规模和较稳健的投资组合策略。

8.3.2 根据社保基金产权属性，多元化政府的融资行为

社会保险作为一种覆盖全民的公共品，分担社会公民生存风险的功能随着保险覆盖民众范围的扩大而加强，因此，继续拓宽社会保险基金的筹资渠道，不仅为制度的运行提供坚实的物质基础，还为今后正式、科学地参与资本市场运作提供了可能。在继续规范现行的社会保险基金筹资方式的基础上，可以适当地采取其他辅助性的筹资方式，如可将部分国有资产拍卖或将部分国有土地使用权有偿转让，以拍卖收入和转让收入补充社会保障基金。此外，还可通过国有股减持、变现国有资产、扩大社会保障彩票与社保债券发行等手段来筹集部分社会保障基金。

在基金的筹集和运营过程中，要清晰界定基金的产权，不同产权的社会保险基金之间要保持必要的独立性，不能互相侵蚀，这是决定科学、规范、高效的基金运营管理方式的制度前提。按照我国当前社会保险基金来源划分，可将基金分为：（1）公共基金，为公共所有，来源有财政拨款、按法律规定由雇主或雇员缴纳的社会保险费、社会捐赠、国际捐赠，形成社会保险基金中的社会"统筹"部分。通常，由财政拨款为主的公共基金，一般都纳入财政管理范围，如我国1996年颁布的《关于加强预算外资

金的管理决定》，规定社会保险各类保险基金中的社会统筹基金属于公共所有，纳入国家预算外管理，建立财政专户，收入上缴财政专户，支出由财政部门按预算外资金收支计划从专户中核拨。（2）个人基金，归个人所有的非财政性社会资金，必须按法律、法规、规章缴纳记账，形成个人账户，专款专用，统筹基金和个人账户基金不能互相侵犯。（3）机构基金，由用人单位为职工建立的福利性社会保险基金，如企业年金，所有权归集体，或部分地归集体。对属于企业集体所有或职工个人所有的账户基金，是企业或个人的私有品，可以采取市场信托管理的方法，由基金法人委托受托人管理基金，基金运营管理可通过市场竞争委托金融中介机构具体运作。

由于个人账户的建立和基金积累制的实行，社保基金的规模迅速扩大，如何高效运营，提高资金的收益率，成为当前世界各国的头等大事。我国当前资本市场发育还不完善，需要审慎科学地参与资本市场运作。首先需要科学投资决策，建立严格的投资风险防范机制。资本市场的风险主要有：购买力风险、利率风险、税收风险、市场风险、流动性风险、信用风险、政治风险、道德风险等。必须通过一系列风险管理手段消除或者降低这些风险。因此，科学的社会保险基金投资决策机制有赖于严格的风险防范机制。智利的风险评级制度值得我们借鉴，智利从养老金投资的安全性出发，风险评级过程的目标是双重的，一方面，为养老金管理公司提供一个衡量投资风险的标准尺度，区分可以投资的金融工具；另一方面，按照每类投资产品的风险大小，限定养老金投资组合中的产品范围。① 其次，根据社会保险基金的属性，优化投资组合。社会保险基金的投资策略的合理选择不仅直接影响到社会保险基金的保值与增值，还会对我国的整体经济运行产生重大的影响。社会保险基金的资产组合应该力争多元化，根据社会保险基金的属性，进行投资组合。例如，对基本养老基金而言，安全性较高的金融工具应占据

① 房连泉：《智利社保基金投资与管理》，载《中国社会科学院研究生院博士学位论文》，2006 年。

相对较高的比重，如普通银行存款、银行协议存款和国债回购投资等，而风险较高的投资品种则应进行比例限制。对企业年金，投资组合中可以增加一些高风险、高收益的投资项目，如股票投资，实业投资，以及适当增加海外资本市场的投资比例。第三，积极促进资本市场的发展，为社保基金运作提供良好的客观环境。我国当前资本市场发育还很不完善，仍存在制度结构或者是股权结构的分裂，资金规模过小，缺乏透明度。因此，社会保险投资金融产品的交易必须在政府的严格监管下进行，建立起科学、透明的买卖交易定价机制、对公众的信息披露机制和产品交易协商机制等，以及必要的基础设施和内部监管。

8.4   社会保障事业中的政府规制行为

社会保障事业中的政府规制行为，集中体现在对社会保障的管理体制的运作机理中，社会保障管理作为我国转轨期政府管理体制的一部分，同样存在着政府的错位、越位、缺位现象。政府集决策者、管理者、监督者于一身，部门职能划分不清。要想为社会保障提供高效、有序运行的实体组织保证，政府必须有正确、清晰的职能定位。社会保障中政府规制职的独特特点，为政府提供了特殊的约束性要素，从根本上决定着政府所扮演的角色，并规范着政府的行为规则和行为绩效。在此基础上，以农村养老保险为例，探讨政府组织内部规制权力如何实现科学配置，最大化地发挥政府的规制效能。

8.4.1   社会保障管理中的政府角色定位

8.4.1.1   社会保障政策法规管理

这是社会保障管理的首要环节，决定着社会保障是否提供，提供的具体措施，如实施范围与对象、社会保障资金来源、待遇支付标准与方式等。从立法层面对国家、单位、个人的责权利做出规定，规范社会保障制度规则，保证社会保障事业的顺利开展。因此，社会保障政策法规应属于纯公共品，受益群体是所有的社会保障对象，应由中央政府来承担。对于具体的法规和政策细则，由于地方组织具有更大的信息优势，可以由地方政府甚至是私人机构来承担。政府主要扮演的是立法者的角色。

8.4.1.2　社会保障资金管理

这是社会保障管理中最为关键的一环。具体内容包括社会保障资金的筹集、支付和管理运营，实现资金的保值和增值。社会保障资金的筹集由政府、单位、劳动者个人共同承担：其中由政府财政拨款用于社会福利、社会救助的部分，属于公共品；单位和个人缴纳的是劳动收入的一部分，按功能的差异又分为两个层次：承担互助共济功能的社会统筹资金属于公共品范畴，政府利用转移支付等财政手段实现国民收入的再分配，缩小收入分配的差距，强调公平；通过强制储蓄积累的个人账户资金为私人品，强调收益性，理论上政府应当只承担监管规制的责任，对于资金的运营，通常采取委托—代理机制让渡给私营机构来承办，或者由三方代表组成的具有法律效力的事业性公共机构来承担。在实践中，政府介入的深度与一国的政治体制密切相关。

8.4.1.3　社会保障对象管理

作为社会保障管理不可分割的服务系统，对象管理的形式有两种：一是单位管理，针对的是在职的社保对象；一是社会化管理，针对的是已经离开或未曾参加工作的社保对象。对象管理主要是指后者，对退休、退职的老年人、鳏寡孤独者、失业者和残疾人等提供的社会性服务，属于地方性公共品，应由中央政府指导，地方政府、社区组织等共同参与，形成多层次、多元化、竞争性的服务格局，提高服务的质量和效率。

8.4.1.4　社会保障机构管理

这是社会保障管理的实体运行和组织保证。社会保障机构包括政府、民间的经办机构等工作机构。对机构管理要求建立科学的绩效评估机制、法制化的监督机制。管理的方式可分为政府内部自我管理、第三方监督等，这就要求多方主体的共同参与。需要根据管理对象，即工作机构主体职责范围加以界定，包括全国性的、地方性的、社区性的，建立相应的管理监督模式。

表 8－8　　　　　　　　社会保障管理体制中政府的角色定位

管理项目	因素	产品属性	参与主体	政府角色
政策法规管理	基本法律、法规	全国性公共品	中央政府	立法者
	具体法规、政策细则	地方性公共品	地方政府、社会组织（企业、个人）	立法者、执行者
资金管理	个人账户基金制	私人品	社会组织（企业、个人）、私营公司	规制者
	社会统筹基金制	公共品（范围随险种的不同而变化）	地方政府、社会组织（企业、个人）	生产者、规制者
	财政补贴（社会救济）	公共品	地方政府、社会组织（企业、个人）	生产者、规制者
对象管理	在职对象管理	俱乐部产品	企业	规制者
	社会对象管理	地方性公共品	地方政府、社会组织（企业、个人）	生产者、规制者
机构管理		公共品（范围随险种的不同而变化）	政府、企业、个人	生产者、规制者

8.4.2　社会保障管理中的政府规制行为

8.4.2.1　农村养老保险中的政府规制行为

公共品理论告诉我们，农村养老保险的参与主体是多元化的，大致可分为中央、地方和社会组织三类。他们作为独立的利益集团，具有独立的利益驱动机制，依托于财政权力框架，表现出不同的博弈行为，并影响着政府在农村社会养老保障中的规制效能。

1. 社会保障层级管理权限应与财权相匹配。我国20世纪90年代的分税制改革明确了中央和地方的财权和事权的划分，但是在农村养老保险的财政环节上，尚存在着明显的制度漏洞，中央和地方财权和事权不匹配。中央政府将建立农村养老保险的责任完全下放到地方，甚至是县、乡等最基层组织，他们承担了养老保险筹资、运营、支付等几乎全部事权，但是却没有相应的财权配给。我国很多地区的基层财政是吃饭财政，在农民缴费普遍无力的情况下，这一事权成为地方沉重的经济负担。根据非对称的主从博弈理论，在农村养老保险领域中，中央和地方的财政权力结构极度不稳定，由于信息的不对称，财政内部层级化权威和专业化权威始终存在冲突，基层财政官员会利用自己独有的专业化知识来反控制上级。由于监督机制的缺乏，基层财政在与上级抗衡中通常处于有利地位，不规范的行为时有发生。例如，在农村养老保险资金来源中，集体补贴不断"缩水"；在运营管理环节，地方财政或者不作为，消极对待，或者随便挤占、挪用；在支付环节，"保富不保穷"，村级干部往往得到更多的补助。

2. 社会保障的地方管理权限应与产品属性相匹配。本该属于全国性的公共品由地方政府分散管理，意味着公共品的外溢性被无偿地享有（正外部效应）或被迫承担（负外部效应）。养老保险的属地性财政管理模式会导致地方财政之间的权益之争，导致如下结果：（1）阻碍了人才流动。属地性管理必然会使养老保险水平随地区经济发展水平的不同出现较大差异，劳动力会过度地集中在发达地区并过度竞争，而落后地区始终人才匮乏，并由此开始"社会保障匮乏——人才流失——财政疲弱"三者之间的恶性循环。（2）人才消费的"马太效应"。发达地区人才的过度竞争必然会导致人才待遇的降低，该地区企业在经济利益驱动下，必然会将来自不发达地区的人才与来源地的社会保险"捆绑消费"，不愿为其提供当地高水平的福利待遇。这样发达地区无偿享受了落后地区的劳动力收益，而落后地区却被迫承担了发达地区的劳动力成本。（3）地方财政之间的非合作。在公共财政资源有限的情况下，上述结果引发的利益驱动会使地方政府片面追求自身的最大利益，或者花费过高成本争夺中央财政的社会保障资源，或者攫取当地的养老资源挪作他用，与民夺利。非合作博弈理论告诉我们，博弈各方的个体理性行为通常会导致集体的非理性，最终的结果就是对农村养老保险的始终不作为或者是违规假作为，阻碍了养老保险事业的健康发展。

3. "边缘群体"的权力和资源在政府规制的合意嵌入。当前社会保障管理中存在着政府权力结构一极化现象，导致政府规制行为发生异化，地方政府与财政主管部门达成合谋，养老基金被随便挤占、挪用，成为管理层谋取福利的工具。一项在江苏省的调查表明，调查涉及的 7 个城市，已经流失的资金占基金总额的 35%。资金流失的表现之一是管理费用，一些地方农村社会养老保险的管理费用占到实收保费的 30% 以上。[①] 因此，要规范政府的规制行为，首要的是在改革积累成果之上对社会利益进行修正、调整与再分配。表现为消除对不同社会群体的制度性歧视，使社会保障资源（包括资金、利益和权利关系）在社会各组织成员中公平合理地配置，特别是边缘群体的权利诉求和资源共享。公平高效的社会保障制度应能包容不同群体的利益差别，特别对弱势力群体，实现"合意嵌入"，使新制度建设的要素得以完整。这就需要社会价值秩序在公平与效率的和谐基础上重新排列，建立合理的激励机制和效率机制。

当前失地农民的社会保障制度之所以迟迟难以建立，源于要牵扯多方利益关系，包括各级地方政府、房产开发商、失地农民和村集体。政府和开发商属于强势集团，追求利润最大化的开发商和追求经济政绩的地方政府没有动力为失地农民提供足够的土地出让金等养老资源，以致失地农民社会保障的缺失成为严重的社会问题，

---

① 吴妙琢、郭小燕：《对建立和完善农村养老保险制度的思考》，载《北京市计划劳动管理干部学院学报》，2003 年第 4 期。

影响了和谐制度的建设。问题的症结在于社会保障中利益结构的严重失衡，失地农民作为社会弱势群体，缺乏必要的权利申诉渠道，因此解决问题的根本途径就是赋予失地农民权利诉求和资源共享的权力，这需要中央和地方政府角色的正确定位、畅通的民众利益表达机制以及完善的司法制度的共同建设。

8.4.2.2　公共就业服务中的政府规制行为

1. 完善公共就业服务职能，建立多层次、多样化的就业服务体系。

（1）建立统一的标准化的服务流程，为求职者服务。大多数公共就业服务的客户群体所需要的求职帮助可以利用自助服务设施自行完成，互联网的普及使这一职能的价值得以充分体现。瑞典每个月通过互联网进入公共就业服务的人数相当于劳动力总数的6%。自助服务成为最基础也是最活跃的服务。新技术的普及要求对该层次的服务建立统一的标准化服务，便于监督管理和高效率服务。统一的标准化服务还体现在一站式服务中心的建立，将求职帮助、就业咨询、职业分配、帮助填写失业保险申领表、教育和培训机会的信息获取等职能整合在同一场所中，确保计划和服务的一体化和综合性，使客户普遍得到服务。

（2）为失业者提供一般服务。一般服务是对自助服务的补充和拓展，互联网技术的普及弱化了传统的职业中介职能，转向提供更多的就业咨询和指导，诸如组织求职技巧的讲习班、大型职业招聘会、帮助求职者了解自己能力的职业指导、制定失业者连续性的扶持计划等一对一的深入咨询服务等。这些咨询和指导往往与职业匹配服务相结合，同时它也为求职者接受后期的教育和培训提供了指引。培训和教育使缺乏技能的人掌握新的技术，提供的方式有很多，如脱产和教室课程、在岗培训或二者结合，并根据劳动力市场需求随时调整。这些调整计划对帮助失业者提高就业能力、克服再就业障碍，重新融入工作环境效果明显。

（3）针对特定群体，提供特殊的强化服务。我国劳动力市场中的劣势群体，包括年龄偏大、知识水平偏低、屡次就业失败的国企下岗职工、缺乏劳动技能的农民工、残疾人、妇女群体，以及因吸毒、酗酒、育婴、债务等个人问题而失业的群体等。对这些群体的就业帮助是公共就业服务公益性的集中体现。针对该群体的特性，需要发展以下服务：①特殊就业咨询。需要针对他们的心理特点提供深入面谈，进行行业测试，推荐职业，甚至陪伴他们面试求职。这需要高素质的工作人员，并与社会救助等服务相配合。②培训教育。让他们掌握新的技能。但因为这些群体的学习能力相对较低，培训教育比较困难，成效不显著。③直接创业计划。提供直接的就业岗位通常是针对该群体的最直接做有效的求职帮助。一般要借助于社区、街道、中小企业等提供一些临时性、短期的岗位，建立非正规就业体系，政府提供必要的财政补贴，甚至直接参与岗位的创造，使该职能成为一项帮助弱势就业群体的基本社会保障"安全网"。

2. 构建合理的公共就业服务管理模式。

（1）权力下放，建立多中心的就业服务体系。公共就业服务机构作为一种专业性、地方性较强的公益机构，应当采取政事分开、自主管理的模式，地方服务机构有自己相对自主的权利，形成在政府委托之下覆盖全国的服务网络。在政府的监督管理之下，大力开展地方性服务机构，充分利用地方的信息优势，密切与用工单位的合作关系，根据当地的经济结构、就业结构灵活提供服务。地方性就业服务机构网络的设置措施如下：①专业性设置。针对不同的服务群体，设置下岗职工再就业中心、进城务工农民就业中心、青年就业中心、临时就业中心等，充分发挥专业化优势。②地区性设置。根据不同地区劳动力市场人口密集度、供需状况等设置社区就业服务中心，并采取多元化主体的供给模式，由政府机构、私营组织以及非营利性组织共同参与，充分发挥信息优势，根据辖区劳动力市场特点提供有针对性的服务。当然，保证这些服务中心之间的交流合作，政府必须承担起统一协调的职能。抵消结构调整对整个劳动力市场的负面作用，实现劳动力资源有效配置。

（2）部门整合，加强政府各相关职能部门的密切合作。实现就业或再就业是一项涉及众多政府职能部门的综合性工作，需要各部门密切配合协调，予以充分支持。可采取的措施有：①通过电子政务的建设使政府各职能部门及社会组织实现横向对接，协同开展工作，联动办理业务，使求职者可以享受到全方位的服务。②建立专业化就业市场，搭建纵向的统一就业体系，使部、省厅及区（县）、街道、社区连接，确保就业政策颁布实施、就业服务的开展的连贯性和准确性。

（3）打破政府垄断，提供竞争性的就业服务。就业服务领域需求的多样化为私营机构提供了广阔的市场空间。要求政府必须打破垄断，主动与私营机构合作，建立竞争性的就业服务体系。公共就业服务合作领域包括：①开发劳动力市场信息。②劳动力教育和培训。③可以有效监控的服务，如失业保险的管理、失业人员的管理等。可以采取的契约合作模式有外包、市场测试、"代用券制度"，以及纯粹的私有化。政府要根据不同的就业服务公益性强弱，承担起相应的职责。对公益性较强的服务在外包过程中，政府要予以资金支持，严格监控，保证弱势群体能够免费获得公平、公正的服务。

第 9 章

提高我国公共品供给中政府
经济行为效率的探索

9.1 政府供给行为的改进和完善

9.1.1 公共品供给中政府决策行为的改进

政府的决策行为不仅是公共品供给的前提，也构成了政府供给公共品的成本之一。因此，针对我国传统公共决策体制中主观随意性较大的弱点，必须尽快建立起科学的公共决策体制，以求提高公共品的供给效率。同时，根据公共品产权契约特点，进行决策权的重新配置，利用市场机制来提高决策能力，是改进我国政府决策行为的另一条途径。

9.1.1.1 改革公共决策体制，建立科学的决策机制

我国传统的公共决策往往以少数人"拍脑袋"的方式来进行，主观随意性非常大。要使少数人的经验决策向科学化、规范化、民

主化的决策方式转变，必须要建立科学的决策体制和运行机制，使以往静态、封闭、主观的决策方式向动态、开放的方式转变，使政府从注重微观领域的直接指令性决策向宏观指导性决策转变。同时，针对政府内生性制度缺陷，构建合理的官员激励机制以及在决策过程中引入竞争机制，能从根本上改善政府的决策行为，从而提高公共品的供给效率。

1. 建立科学的决策机制。科学的决策体制一般包括信息系统、咨询系统、决断系统、执行系统和监督反馈系统，运行机制包括决策的预警机制、沟通机制、公众和专家参与机制、制约机制等。在公共品决策过程中运用现代科学技术和科学方法，是全面提升决策体制效率的前提。美国联邦政府公共项目决策的绩效评估体制，① 是比较成熟的公共决策技术，可以为我国所借鉴。公共品提供项目绩效评估主要回答三个问题：详细说明公共品项目实施的必要性，对各种备选生产方案进行评价，对所有备选方案的成本与效益进行定量、定性分析。基于现实生活中出现的问题以及问题的严重性进行决策立项，是公共品项目决策的前提。美国联邦政府管理与预算办公室（OMB）提出以下五个指标：（1）项目目的清楚吗？（2）项目的设计是为了解决特定的事件、问题、需求？（3）该项目的设计对于解决特定的事件、问题、需求有重要影响吗？（4）在解决特定的事件、问题、需求时，该项目是否有独一无二的作用？（5）对于解决国家事件、问题、需求等，该项目的设计是否最理想？回答了这五个问题，就能很好地解决公共项目决策的必须性问题。绩效评估方法的核心内容是对备选公共品的生产项目进行成本—收益的定量、定性分析，在公共支出的预算约束下选择最优的低成本、高收益的生产项目。

绩效评估制度中关于公共品项目必要性的回答，可以使政府官员在进行决策时充分考虑成本预算约束、公众的需求，以及客观经济环境的许可。成本—收益的匹配原则防止了因政府自身利益的束缚而造成公共支出无限制膨胀，避免决策失误导致的资源浪费。真

① 雷晓康：《政府直接生产公共物品的理论分析》，载《西北大学学报（哲学社会科学版）》，2005 年第 1 期，第 109～112 页。

正从公众的实际需求出发，可以防止公共品项目为少数利益集团控制，避免政府的寻租行为。绩效评估制度在我国的具体实施可以结合社会公示制度和社会听证会制度等的建立加以改进和完善。

2. 建立有效的激励机制。有效的激励机制可以改变政府官员福利效用感受函数，尽量使官员对职位带来的福利感受与对公共品供给偏好相吻合，减少决策行为异化的空间。在我国当前阶段，有效激励制度的建立可以结合公务员制度改革来进行。我国过去所实行的用人制度是以阶级身份取向的，这造成政府官员的"党本位"、"官本位"现象，使政府公共品决策行为政治性、阶级性倾向严重。80 年代进行的干部四个现代化建设和 90 年代推行公务员制度的改革，推动了技术性官僚的兴起，政府行政运行开始向制度化迈进。建立有效的公务员制度要做到以下几点：（1）建立科学的绩效考核制度。避免公务员制度的"福利化"倾向，将激励机制与民众实际需求紧密结合。（2）进一步完善以个人业绩和才干为标准的公务员录用选拔制度，防止官员为取悦上级或巩固"关系网"而私利化的个人行为。（3）严格的管理制度。改变用行政手段任命干部等主观臆断的用人现象，对官员在任期内实行严格考核管理制度，使官员能上能下，取消变相的"终身制"。（4）建立严格的责任追查追究制度，利用行政处罚和法律制裁等手段，杜绝官员通过兼职利用国家公共权力以权谋私现象。通过对官员的权力、责任、利益进行有效的激励和监督，减少"政治失灵"的诱致因素，使官员的个人利益尽量与公共利益相吻合，防止大量类似"政绩工程"、"形象工程"的出现，提高公共决策的效率。

3. 提高政府公共决策过程的回应性。布坎南认为导致公共决策失误的一个重要原因是"在公共决策过程中实际上并不存在根据公共利益进行选择的过程，而又存在各种特殊利益之间的缔约过程"。[①] 制度转轨期导致政府决策效率损失的深层次原因在于转型经济社会缺乏不同利益集团之间充分而公开的利益博弈（邓苏，

---

① ［美］詹姆斯·布坎南：《自由、市场和国家》，北京经济学院出版社 1998 年版。

2004）。政府作为一个利益集团的复合体，在决策过程中不可避免地受利益集团的影响，使决策方向偏离最初的提高大众福利的社会目标。在政府的公共决策过程中增加回应性，促使"官僚的决定与社区或者声称代表民众的官员的偏好相一致"（奥斯特罗姆，1971），是提高政府决策质量的重要指标。政府官员可以定期地、主动地向公民、企业征询意见，获取决策信息，加强与公众的互动交流，将公众提出的问题和要求及时地纳入决策过程，以作出真正反映公众需求的决策，满足公众和社会对公共品多层次、多样化的需要。这也是衡量政府决策民主程度的重要指标。

要提高政府决策过程的回应性，公民参与是关键。近期的一些研究表明（甘贝塔，1998；科尔曼，1990；帕特南，1993；Fukuyama，1995），公民参与程度普遍性和平民性的提高有助于更大的政府决策回应性。这使政府在进行公共品项目权衡时更加关注消费者群体尤其是弱势群体的需求，避免受少数强势群体的左右。比如我国医疗卫生事业过分倾向城市居民、高收入群体；教育事业中过分倾向高等教育等不公平现象。

9.1.1.2　在公共决策中引入竞争机制，利用市场力量改进政府的决策效率

公共选择学者主张用市场力量改善政府的功能，以克服非市场缺陷及政府失败。他们认为以往人们只注重用政府来改善市场的作用，却忽视了相反方法：用市场的力量来改善政府的作用。他们提出的用市场力量改善政府功能，提高政府决策效率的具体措施之一便是更多地采用由私营企业承担公费事业的政策，即更多地依赖于市场机制来生产某些公共物品或公共服务。其思想理念与公共政策分析学者韦坚达和维宁的说法如出一辙："既然问题是要行政管理的结构接近于指导私营经济运转的原则，那么，一旦技术条件成熟，我们何不干脆更多地依靠市场经济来生产某些公益呢？"由于公共品供给产权合约的状态决定着决策权的配置（张曙光，2001），因此，要在公共品供给决策过程中引入市场竞争机制，政府就必须

根据不同的产权合约状态采取不同的决策行为，扮演不同的角色。

1. 根据不同的公共品供给的产权契约，优化决策权的配置。在公共品市场中，政府作为"混合型"的生产者，与其他经济主体有多种契约合作方式，而产权契约大体有两种方式：一是政府拥有完整的产权，只是将经营权交由私人运营商。在这种合作策略方式下，政府作为资产所有者，执行投资决策权，并承担相应的财务风险，而具体的经营决策权则完全交给私人厂商，包括具体的生产、销售、成本、质量控制等。另一种产权契约方式是政府仅拥有部分产权，将剩余产权和经营权交由私人厂商。在这种策略合作方式下，产权的部分完整性可以使政府灵活应对对投资和财务风险的承担责任，将部分投资决策也交给市场处理，进一步降低了政府决策失误带来的效率损失的可能性。

上述两种产权契约方式，可以针对不同特征的公共品项目，灵活分配决策权，将可以由市场决策的部分充分交给市场，从而可以避免政府失灵导致的决策失效。例如，对那些关系到国家安全、社会稳定，与公众利益密切相关的公共品项目，政府可以掌握产权，以控制公共资源的投入渠道，使公共资源得以最有效的配置；对那些市场能力强，具备充分竞争力的公共品项目，则可以将产权部分甚至全部交给市场，由市场机制完成公共品供给的决策过程。

2. 在合作决策的过程中，政府应发挥规制者和裁判员的作用。公共决策权的向市场让渡，使政府担负的决策职能逐渐减弱，但这并不意味着政府从公共决策领域的全身而退。相反，政府应当转变角色，从以往的政策直接制定者向政策制定的指导者、规制者转变，扮演好社会经济生活裁判员的角色，利用自身的优势，对公共领域的私人决策进行指导，规范其决策的具体程序，制止有损于公众利益的决策策略。

9.1.2 多元化政府与其他主体的契约合作方式

由于我国正处于制度转轨时期，"国退民进"的改革大潮也席卷到公共品供给领域。要实现政府与私人供给者的有效合作，就必须明晰合作契约中的产权、经营权，科学界定各自的责权利，优化资源配置。

9.1.2.1　合理界定公共品的产权和经营权

政府与私人企业的合作方式是通过对公共品项目的产权和经营权的重新配置实现的，对公共品产权和经营权的明确划分，是确立政府与其他主体契约合作方式的前提。根据笔者对城市水务产业的实例分析，我们得知不同的公共品项目，因其资本可控性、可盈利性、竞争性以及垄断性的不同，市场化能力差别很大，这决定了公共品产权和经营权的可分性程度的差异。同时，在现实世界中，公共品往往不是独立存在的，在同一个产业价值链中，会出现公益性公共品项目、垄断性公共品项目以及竞争性公共品项目，甚至公共品项目与私人品项目交叉并存的现象，这一现象有时也会发生在产业价值链的同一个节点上。这些复杂的情况使得政府在与其他主体达成公共品供给的合作契约时，明确划分其产权和经营权显得格外重要，它甚至是决定公共品供给成败的关键原因。

在具体界定公共品产权和经营权时，需要对公共品项目的市场化能力进行准确的分析，科学的论证，从其经营成本的可控程度、是否可以盈利、垄断程度高低、受益范围与辖区是否发生冲突等方面入手。对垄断程度高、成本不可控、受益范围大的公共品项目，政府可以控制其产权，仅将全部或部分经营权交由私人厂商；对竞争力强、成本可控、受益范围与辖区相吻合的公共品项目，可将部分或全部产权交由私人厂商。通过产权、经营权的合理界定，可以对同一产业价值链中的市场化能力强的产品项目进行剥离，将其交由私人厂商，或政府与私人共同参与提供。

产权和经营权的合理界定并不意味着完全的私有化和完全的公有以及二者的混合，由于公共品在使用上的非排他性，要真正实现运用法律制度对公共品产权和经营权进行明确划分，会导致高昂的制度设计、执行、监督成本，有时甚至超过产权模糊带来的效率损失。因此，有时产权的模糊界定可能会更有效率。①

9.1.2.2　根据公共品市场特性，多元化契约合作方式

　　长期以来，我国的城市水务产业、城市道路等市政公用事业由
国家控制，资本产权主要由政府累年的财政投入形成，结构单一，
效率低下。近年虽然在公共品的生产过程中引入了一些民间资本，
建立了一些新企业，但是没有从根本上改变公共品生产领域产权单
一的市场结构。我国公共事业产权结构的改革大体采取两种方式：
一是将原有垄断性行业进行拆分，独立的小企业仍是国家控股或国
有独资企业；一是新加入的企业数量少，规模小，短时期内不能改
变原有国有企业垄断市场的局面，这些新企业在经营上更多的是参
与市场份额的瓜分，并没能形成健康有序的竞争格局。表 9－1 是
根据国家统计局第二次全国基本单位普查数据（普查时点是 2001
年 12 月 31 日）来展现国有资产对公用事业控制的产权结构的变
化。可以看出，改革开放以来，国有资本开始逐渐退出原本由其完
全控制的公用事业，合作主义成为政府治理公用事业的原则，这是
市场化改革的必然趋势。通过国家控股的方式，在城市公用事业中
引入了国有控股的企业法人资产结构，以电力煤气水行业为例，
"国家资本/实收资本" 比率为 57%，通过国家控股的方式，使国
家控股公司的资本占该行业全部资本的比率上升到了 81.74%。这
意味着，即使在未来的若干年内，国家资本占全部实收资本的比率
下降了，只要国家资本仍在水电气这个公用事业产业保持绝对或相
对控股方式，国家资本仍可能保持其对资产的调控力。国有资本仍
然占主导地位，并以绝对控股方式②为主，这说明政府在与其他主
体合作的同时仍然担负着主要的供给任务，这是由政府的职责决定
的。但是国有资本主导性的绝对控股地位也导致了公共品供给效率

---

　　① 施文泼：《从产权角度看公共品的供给效率》，载《四川财政》，2001 年第 8 期，第 19～
20 页。
　　② 所谓绝对控股，是指国家资本（股本）在企业的全部资本中所占比例大于
50%；所谓相对控股，是指国家资本（股本）所占比例虽未大于 50%，但仍相对大于企
业中的其他经济成分所占比例。

难以有效提高，并引发了其他诸多不合理之处，如政府对营利性较高的行业的垄断程度更高，在电力、煤气、水、交通运输、邮电通讯等行业，国有控股资本对实收资本的比率高达80%以上，而对卫生、社会福利等领域存在一定程度的失职现象，科学研究和综合技术服务业的国有控股资本比率仅占51.18%，社会服务业就更低了，仅为40.07%。

表9-1　　　　　　　公用事业的资本构成及国有控股概况　　　　单位：%

	国家资本/实收资本	集体资本/实收资本	公有资本/实收资本	国有绝对控股资本对实收资本比率	国有相对控股资本对实收资本比率	国有控股资本对实收资本比率
电力、煤气及水的生产和供应业	57.08	3.52	60.60	77.96	3.78	81.74
地质勘察业、水利管理业	78.21	1.36	79.58	91.50	0.25	91.75
交通运输、仓储及邮电通信业	70.91	2.32	73.23	81.60	2.06	83.66
社会服务业	31.32	8.07	39.39	36.43	3.63	40.07
卫生、体育和社会福利业	65.45	5.53	70.98	68.21	1.84	70.06
教育、文化艺术及广播电影电视业	59.93	6.58	66.51	67.84	2.77	70.61
科学研究和综合技术服务业	40.85	4.69	45.55	49.06	4.12	53.18

资料来源：平新乔：《中国国有资产控制方式与控制力的现状》，载《经济社会体制比较》，2003年第3页。

在由政府按"条块"分割分属的产权设置原则下，公用事业中国有资本与私人资本在合作方式的磨合上仍存在根本上的困难。因此要改变政府垄断的产权模式，首先要改革我国公用事业的产权管理制度，力争从根本上改变原有的产权结构特征。奥斯特罗姆对美国大城市"警察产业"的实证研究表明，有效率的公共部门不应采取"单一中心"的治理结构，而应实行"多中心公共经济"的治理结构。以美国为例，美国大城市地区的警察服务的组织，就是由一般地区巡逻、交通控制和犯罪调查等直接服务模式，以及无线电通讯、成人预审拘留、入警培训、犯罪实验室分析等辅助服务模式构成的。其次，根据公共品市场的特性，多元化政府与私人厂商的契约合作方式，采用 BOT、股份制、合作制等形式，鼓励民间资本和外资进入公共事业领域来生产公共产品，进行公共产品市场化的尝试。逐步打破国有企业对公共产品的垄断，形成多元主体的竞争机制。

9.1.3 公共品分配中关注消费者群体的动态变化

当前我国政府在公共品分配中的一个突出难题就是公平与效率难以有效兼顾。首先是对受益的消费者群体范围较大的纯公共品的分配，因政府的财力有限或者某些制度上的原因，无法覆盖应受益的所有群体，造成了分配中的不公平。例如，我国的义务教育事业，中央和省一级政府承担的比例约占义务教育总经费的 2% 和 11%，其余 87% 落在财力最为薄弱的县级政府头上。上海的义务教育在校学生人均经费为每年 6000～7000 元，而贵州省还不到 1000元。[①] 对于公共卫生事业，在农村很多地区已到了濒于崩溃的边缘，目前政府对县级预防保健机构的拨款只占其支出的三分之一，其余部分款项来自业务收入。据卫生部负责人透露，现在全国县级以下公共卫生机构只有三分之一仍在较为正常地运转，另外三分之一正在瓦解的边缘挣扎，还有三分之一已经垮台了。[②] 其次是过于强调"等量贡献获取等量报酬"的效率原则，忽视了消费者个体禀赋的差异，使消费公共品给消费者自身带来的外部效应进一步分化了消费者群体，拉大了社会成员之间的差距。例如我国的高等教育事业，过度的市场化运作将部分因家庭贫困而无法支付高昂学费的生源排斥在消费者群体之外，享受高等教育成为部分群体的"特权"，

---

① http：//learning. sohu. com/20051104/n240653949. shtml.
② 张文康在中国科学院创新战略论坛上的讲演，2002 年 1 月 1 日，http：//www. cas. ac. cn/html/Dir/2002/01/31/5616. htm。

这些能够获得教育的有限群体与大量不能获得教育的群体本来就构成了社会成员之间的差距，而高等教育的这种分配现状使受益群体在未来具有了更优越的劳动技能，进一步拉大了社会成员差距。第三，政府分配公共品行为易受社会利益集团左右，在分配过程中出现了重城市、轻农村；重强势群体、轻弱势群体；重精英、轻社会大众的现象。例如我国自 20 世纪 80 年代以来，医疗卫生工作的重点开始从农村转移到城镇、从"重预防"转向"重医疗"，从低成本转向高科技—高成本。城市的医疗处于第一位，医院购买昂贵的大型医疗设备的费用比较容易得到政府批准。几乎所有部属医院都拥有 80 年代初期罕见的 800MA 以上 X 光机、CT、ECT、彩超、肾透析仪等。省属医院这类设备拥有率也在 50% 以上，地区、地辖市和县级医院的设备配置水平没有大城市医院那么高，但它们中相当一部分也拥有先进的医疗设备。[①] 表 9 - 2 是 2000 年世界各国卫生负担公平性排名。中国排在 188 位，落后于巴基斯坦、印度尼西亚、埃及等发展中人口大国。

表 9 - 2　　　　　　　　2000 年世界各国卫生负担公平性排名

国家	排名	国家	排名
哥伦比亚	1	伊拉克	56
德国	7	巴基斯坦	63
日本	9	印度尼西亚	73
瑞典	14	蒙古	97
古巴	24	埃及	126
法国	27	墨西哥	144
印度	43	俄国	185
美国	54	中国	188

资料来源：世界卫生组织，《世界卫生报告，2000》。

我国政府在公共品分配中公平与效率难以兼顾的困境，原因有很多，如有限的政府财政能力的制约、过度市场化的公共品供给体

---

① 卫生部卫生统计信息中心. 80 年代以来我国医院资源及其利用简况，1998 年 11 月 27 日，http://chsi. moh. gov. cn/jk98/yy80 - 97. html。

制、政府内部的利益驱动等等，这些都是制度上的原因，需要改革的不断深入来改善。如果从客观的消费者角度来看，来自社会转型期消费者群体异常迅速的变化使相对僵化的分配体制难以适从，新旧体制的并存使分配结果的公平与效率总是处于过度与不足的状态。因此，要实现政府在公共品分配中的公平和效率，关键一点是要关注消费者群体的动态变化。我国当前不断出现的新的弱势消费者群体，如城市下岗职工、城市流浪人口、新毕业大学生、农民工、感染艾滋病群体等等，都是在公共品分配中格外需要关注的群体。这些弱势群体往往是低素质劳动力群体，可流动性弱，市场范围小，不像具有较高劳动素质的强势群体可以在辖区之间自由流动。对同一个辖区的两类群体而言，如果同时被剥夺了公共品的消费权，会导致大量强势群体外流，从长远看，势必会削弱当地政府的财政收入，从而进一步恶化当地的公共品供给水平，最终受损失最大的还是弱势群体。这对一国内不同辖区而言是如此，对全球化范围下的不同国家而言也是如此。这是众多发展中国家共同面临的问题。因此，政府应当设立相关机构，进行追踪调查统计，不断调整旧有的分配格局，将新群体迅速纳入分配范围，剔除不合格的人群；深入研究消费者群体禀赋差异，建立动态的科学分配机制，使受益群体是真正的公共品需求者，使公共品在东中西部辖区、城市与农村、不同的企事业单位职工之间做到公平分配。

9.2 政府融资行为的多元化制度创新

改革开放以来，我国政府对公共品融资体制的改革取得了重大进展，初步打破了依靠政府财政的单一融资模式，在融资过程中引入了竞争机制，吸引多元投资主体，并出现了多种融资方式的创新。但是，由于多元化融资的制度环境还未充分建立，多元融资主体的分工协作机制也未有效形成，这在一定程度上阻碍了政府融资行为进一步的多元化制度创新。由于在前一章已结合具体案例探讨了城市水务产业中不断创新的多元化融资方式。在此，笔者将笔墨着重于政府多元化融资行为的创新原则和制度环境建设，为我国政府改善公共品融资的经济行为提出切实的政策建议。

9.2.1 政府多元化融资行为的创新原则

9.2.1.1 根据公共品融资能力，合理构建资本结构

在政府公共品融资体制中引入竞争机制、吸引多元投资的改革进程中，必须要根据公共品的不同特点，合理构建公共资本与私人资本的搭配结构。在笔者对城市水务产业的案例分析中，指出必须要根据水务产业价值链各个节点不同的融资能力采取不同的融资方式。因此，融资制度多元化创新的首要任务就是要具体分析公共品项目的融资能力。融资能力的指标有：（1）消费上是否具有较高的排他性，受益群体是否明确。排他性高的公共品项目可以通过对消费者收费的方式获取投资回报，一定的投资回报率是吸引多元投资的必要前提，因此排他性高的公共品融资能力也强，可以考虑以私人资本为主的资本结构方式。（2）项目产出的绩效衡量难易程度。对于产出绩效易衡量的公共品项目，政府可以轻松地进行管理，可以引入私人资本，将具体的经营工作交与私人主体。（3）是否是关系到国计民生的公益性公共品项目。对公益性项目，必须以国家财政投资为主体、其他投资主体为辅的资本结构模式，政府要掌握绝对的控制力，以避免私人资本在具体运作过程中作出损害公众利益的行为。例如，外资只可能是我国基础设施建设的一部分力量，因为任何国家的基础设施建设都不可能对外资完全开放，必须进行这样或那样的限制，因此保持公共资本的绝对控制力是十分必要的。（4）垄断程度的强弱。垄断性强的公共品项目往往具有投资需求大、回收期长、沉淀成本大等特点，要求资本量大，在投资过程中要保持持续性和稳定性，因此，吸引外部资金是弥补政府财力不足的必然选择，但私人资本的不稳定性又要求公共资本不能完全退

出，二者应当互相配合，以保证资金供给的后劲。

9.2.1.2 保证公用事业投资者必要的投资回报率

在健康的市场经济条件下，资金投入的基本驱动力是利润，是未来的收益权。因此保证公用事业一定的投资回报率，是吸引外部资金、多元化融资主体的必要条件。公共品项目因其自身的不同特点，盈利能力差别较大。对那些盈利空间大的竞争性项目，私人资本进入后应开放公共品价格，以实际的公共品供求关系决定价格波动，使投资者获得正常的经营收入，以补偿经营成本、偿还贷款并满足该行业的平均利润率，使投资者真正有利可图。对微利和无法补偿成本的基础性或公益性公共品项目，则需在政府科学合理定价的基础之上，采取税收减免、财政补贴等优惠措施，给予投资者适当的补偿，使其获得间接的投资收益。

9.2.1.3 科学的公共品投融资规划管理

要提高公共品融资效率，使公共品的投资真正满足其服务范围内大多数成员的需求，政府必须通过某种程序，将所需信息收集起来，加工处理并据此制定相应的建设方案，然后通过各类民主程序对其进行表决，表决通过的议案就是公众选定的项目。在此基础上，政府要进行整体投资规划分析，作出投资安排（孙珏，1999）。例如城市水务基础设施、道路、桥梁等公用事业的投资涉及面广、整体性强，各投资主体之间、各投资项目之间必须协作分工、综合配套；大部分基础设施类项目投资成本高，不可逆性强，使用时期长，事后调整非常困难，投资不当会影响整个辖区的整体规划；政府还必须对纳税人负责，发挥管理者、规制者的权利，保证整个投资项目最大化地提高公众福利水平。因此，政府必须对多元投资主体共同介入的公共品项目，对投资方向、工程质量、投资收费标准等进行规划管理，以实现在建的和列入未来建设项目的投资合理地配置。

9.2.2　政府多元化融资行为的制度环境建设

9.2.2.1　消除民间资本的制度性进入壁垒，拓宽直接融资的渠道

我国旧有的对民间资本歧视性的投融资体制和金融政策，使得公共品融资渠道狭窄且方式单一，制约了融资方式创新的活力。因此，消除民间资本的制度性进入壁垒，公平公共资本与私人资本之间的国民待遇，是拓宽融资渠道、多元化融资主体的首要任务。党的十六届三中全会审议通过的《中共中央关于完善社会主义市场经济体制若干问题的决定》中提出"加快建设全国统一市场。……废止妨碍公平竞争、设置行政壁垒、排斥外地产品和服务的各种分割市场的规定，打破行业垄断和地区封锁。"《决定》第一次提出允许非公有资本进入法律法规未禁入的基础设施、公用事业及其他行业和领域。当前国家出台了一系列鼓励性的政策法规，大部分的公共事业已没有禁止投资的领域。但是，计划经济时期旧制度性壁垒的残留，以变异的形态阻碍着民间资本的顺畅进入：（1）资本国有为主的产权结构。我国大部分公用事业中国有资本绝对控股的产权结构没有改变，仍然保留国有企业的性质，这使得民营公用事业企业在与之同台竞争时经常遭遇制度和政策的歧视，投资者的财产权利无法得到切实保障。例如我国铁路事业，几乎所有的地方铁路和国铁未能控股的合资铁路，都在与国铁系统的车流交换方面有过遭受排斥的先例，造成客货流与收入被迫流失的情况。[①]（2）长期严格的管制和政企不分的政府经营方式，致使公用事业行业盈利性普遍较差，即使在股权结构上放宽限制，微利甚至亏损的现状也使得民间资本不愿进入。（3）虽然我国已经对民间资本进入公用事业开禁，但是仅限于国家政策性的鼓励，旧有的法律法规仍然发挥着

---

① 黄鹤群：《关于中国铁路投融资体制改革的几点思考》，载《理论学习与探索》，2005 年第 4 期，第 45～60 页。

"余热"，关于具体投资细节的法律建设步伐也很迟缓，难以为多元融资提供良好的法制环境。

因此，要消除上述制度性壁垒，就要明确界定产权，保护财产人合法权益，建立投资风险约束机制；改革国有公用事业企业机制，政企分开，建立现代化经营机制，切实提高经营经济效益；建立健全融资法律法规，加快具体实施性法规建设。

9.2.2.2　大力发展融资运作市场，拓宽间接融资渠道

我国对公用事业企业进行股份制改革是盘活存量资本的首要举措，而要进一步扩大增量资本，就必须要通过建立企业债券、投资基金、金融信托等方式进行。因此，必须要大力培育我国的融资市场，借助外力拓宽间接融资渠道。这就要做到：（1）培育股本市场，促进融资工具的创新。我国目前的股本市场尚不完善，融资工具品种较少，运行绩效差强人意，制约了引入民间资本的能力。建立规范的股本市场，将有利于国有公用事业股权改革的顺利进行，通过股票上市融资筹集社会资本。（2）培育企业债券市场，发行企业债券筹集资金。（3）利用金融中介机构，广泛筹集社会资金。鼓励金融中介机构如银行、信托投资公司、证券公司、保险公司等参与公用事业的融资，广泛地向社会各界筹集资金，然后有选择地贷放于或投资于企业，满足企业的资金需求。

9.2.2.3　科学的融资管理体制

1. 将公共品融资管理体制纳入公共财政体系。公共财政是国家或政府为市场提供公共服务的分配活动或经济活动，它是与市场经济相适应的一种财政类型或模式，即公共财政是为市场提供"公共"服务并弥补市场失效的国家财政。它是非盈利性的、法治化的财政。运用公共财政体系来管理公共品融资活动，就是要针对公共品项目的公益性特点，发挥政府财政的主导作用，利用非市场化的政府优势，来扶持公共品项目建设的顺利进行。在公共财政体制下，财政投资为主的融资模式不再是过去"统收统支"的强制性财

政筹资模式，也不是"一股独大"的国有资本独舞的低效率运作，而是要发挥政府财政资金的主导作用，一方面承担民间资本不愿或无力承担的非盈利性公共品项目的资金投入，一方面要在与民间资本合作过程中发挥引导、规范其他民间资本的投资行为的作用。

2. 在融资管理中引入特许经营机制。这是对政府融资管理体制引入竞争机制的一种有效方法。是指政府按照有关法律、法规的规定，通过市场竞争机制选择市政公用事业投资者或经营者，明确其在一定期限和范围内经营某项市政公用事业产品或提供某项服务的制度。政府通过特许经营，可以吸引非国有资本或非国有企业进入公用事业领域，改变国有企业一统天下的格局。利用拍卖经营权、公开竞标等方式，规范市场的准入条件，从企业的法人资格、设备与设施、财务状况、业绩、经营方案等方面对参与经营权竞拍的企业提出具体条件，透明化的实施程序防止了暗箱操作，杜绝了贿赂等寻租行为。

9.2.2.4　健全融资的法律法规

健康、公正、有序的投融资法律制度环境是市场经济条件下依法保证公共品项目投资者权益的重要手段，也是吸引多元资金的先决条件。健全的法律制度需对投资者的权利和义务作出相应的规定，明确界定与投资主体收入密切相关的权益及债务，保障投资者取得投资回报，给予资本主体独立的法人地位及平等的国民待遇，消除国有资本和私人资本之间、大中小股东之间、国内外资本之间的歧视。加快设计具体、明确、可操作的法律细则的步伐，使公共品项目建设具体的投资和经营有法可依。这样既有利于民间资金转化为资本，又带动了资本市场的健康发展。

9.3　构建适合公共品市场的政府规制行为

由于公共品市场的特性，要完善政府的规制行为，全面提升政府的规制能力，意味着不仅要运用科学的手段对政府的规制程序、规制结果等进行改造，还要针对转轨期的制度特点，重塑政府自身在规制合约关系中的角色定位，以求从根本上构建适合公共品市场的政府规制行为。

9.3.1 政府在规制中角色的重新定位

9.3.1.1 继续改革政府与规制机构之间的委托—代理关系，强调规制执行的独立性，健全规制监督

如前文分析，要保证政府规制有效实施，规制的确立者、规制实施者和规制行为的审查者三者之间的权力结构必须处于均衡状态，任何一级的权力过度都会造成规制失灵。随着我国政治体制改革的深入，规制机构逐步从一体化的政体结构中独立出来，在政府的授权下执行独立的规制职能。当前我国独立执行行业规制职能的部门包括：信息产业部、中国国家电力监管委员会、铁道部、中国民航总局、烟草专卖局、食品医药监督管理局；国有资产管理监督委员会、国家发展与改革委员会、各个地方的计划委员会以及各地区的公用事业局和物价局等。执行包括公用事业企业在内的企业价格规制、进入退出规制、质量规制以及国有资产规制等职能。如我国新成立的国有资产管理监督委员会，其主要职责就是"根据国务院授权，依照《中华人民共和国公司法》等法律和行政法规履行出资人职责，指导推进国有企业改革和重组；对所监管企业国有资产的保值增值进行监督，加强国有资产的管理工作；推进国有企业的现代企业制度建设，完善公司治理结构；推动国有经济结构和布局的战略性调整。"① 国务院与国资委就国有资产保值增值的责任达成了新的委托—代理关系，国资委作为相对独立的规制机构，具备了独立执行规制职能的权力。这与以往计划经济时期政治与行政一

---

① 国务院国有资产监督管理委员会网站。http：//www. sasac. gov. cn/zyzz. htm。

体化的管理模式相比，是政治体制改革中的一大进步。但是由于转轨期政府与规制机构之间在体制上千丝万缕的关系，在具体的运行过程中，无法从根本上实现规制职能的独立。由于我国的国有资产规模庞大，省市一级的国资委一般将地方性的公用事业中的国有企业委托给公用事业局管理，由其负责企业经营权的授权和管理，而公用事业局是属于省或市政府直属的行政事业单位，这一利益共同体的关系无法避免规制过程中的利益合谋和暗箱操作，各种地方保护主义屡见不鲜。

由此可见，虽然规制部门拥有了独立的职能和执行权利，但是它与授权部门之间的行政隶属关系仍然存在，业务上受中央政府部门的指导，人事财政上受地方政府的支配。这决定了它不可能完全独立，规制行为也总是带有部门利益的色彩，这势必会在执行过程中损害消费者的利益，这从我国历次价格听证会中公用事业部门总是价格不断上涨的现象可窥见一斑。因此，继续深化规制部门的体制建设，将规制部门的隶属关系上收到中央部门的执法机构，利用第三方——司法部门的有效监督来实现政府组织内部的权力制衡，限制授权部门的权力干涉，规范规制部门的规制行为，是从根本上改善政府规制行为的必由之路。

9.3.1.2 深化公用事业企业的体制改革，实现政企分开

由于长期以来我国将公用事业作为完全的福利性部门来对待，公用事业企业都是隶属于各级政府的国有企业，造成了转型时期公共品的规制体制中政府既是规制者又是经营者的双重角色，致使规制部门无法保持中立地位，不能超然地独立行使规制职能。例如，信息产业部与各大电讯公司之间是上下级的行政隶属关系，它负有"指导产业结构、产品结构和企业结构调整，指导国有企业重组、组建企业集团"和"按照管理权限，管理机关和直属单位的干部"① 的职责。规制者与被规制者利益一体化的关系必然造成规制

---

① 信息产业部网站。http：//www. mii. gov. cn/mi2i/bmjs. htm。

行为的失灵。因此，合理划分政府与市场之间的边界，使政府从公用事业企业的微观竞争性领域退出，由以往的垄断性经营者转变为企业的规制者和服务者，利用经济手段来扶持和保障公用事业企业的健康成长。同时要深化公用事业企业的体制改革，引入现代化的经营机制，改革产权结构，实现政企分开，改善经营效率，使其成为健全充满活力的市场竞争主体。

9.3.2 加强政府规制程序的法律化、制度化建设

9.3.2.1 进行政府规制程序的立法建设

通过确保立法程序公开化和行政秩序的法制化来提高行政活动的透明度，强化对规制者的规制，避免规制者被被规制者俘获的可能性，是提升政府规制水平的制度保证。制定政府规制法律、法规要明确的主要问题有：

1. 明确界定和规范规制机构的规制职能。由于我国在计划经济时期政府实行的是对经济生活的全面规制，在向市场经济过渡的转轨时期，政府的主要任务是对规制的全面放松和取消规制。但是新旧两种政治和经济体制的冲突，使得政府规制存在规制过度和规制不足、规制缺位和规制越位并存的现象，因此要明确界定和规范政府在公共品领域中的规制职能，必须要根据公共品的特性来进行。除了与私人品市场相同的保障竞争机制作用、维护竞争秩序、控制价格水平、保证消费者安全、保障服务质量和效率以及防范公共经济风险等规制职能外，政府对公共品供给市场的规制还要格外强调：解决公共品供给中的外部经济效应问题、维护国家经济安全和经济利益，以及一些非理性规制行为，如强制义务教育等。

2. 加快政府审批制度的改革，规范审批行为。针对我国当前政府行政性审批制度的弊端，建设审批制度的主要任务是：重新界定审批职能，改变政府在审批过程中越位、缺位、错位的现象；精简审批机构，去除机构臃肿、人浮于事的痼疾；权力和责任对应，防

止和惩戒有权无责、以权谋私的腐败行为；采用科学的管理方法，改事前审批为事后监管，注重服务的质量和效果。可见，行政审批制度改革内容复杂、任务繁重，需要一系列的相关法律、法规来落实、推进。经十届全国人大常委会四次会议通过的《行政许可法》，将行政机关对公民、法人或其他组织的市场准入审批纳入了法制轨道，这是我国行政审批制度改革向法制化、规范化的良性轨道迈进的标志。

9.3.2.2 在规制过程中引入市场机制，利用市场力量优化政府的规制行为

政治体制改革是一个长期的过程，这决定了我国政府规制行为的低效率不会在短时期内有根本性的改善。因此，需要在某些领域摆脱以往行政性的规制路径，在规制过程中引入市场机制，利用市场力量优化政府的规制行为，变直接性的行政规制为间接性的市场规制。例如在规制过程中引入特许投标制，通过对经营权的拍卖机制，替代一部分政府对公共品的准入规制权，可以使中标企业摆脱与规制者的行政隶属关系，使规制机构的规制权与企业产权相分离。打破利益一体化格局，避免二者之间的合谋，减少规制者创租和被规制者寻租的空间。同时，政府通过标书的设计，可以根据工程的要求明确规定投标企业的技术水平、经营能力、财务状况等资质；在工程实施过程中，政府可以根据签订的承包合同，加强对项目的监管，促使承包人严格按合同行事，以便低成本、高质量地完成项目的建设以及后期的投入使用。其他的间接规制方法还有联合回报率规制、价格上限规制和区域比较竞争规制。这几种规制方法笔者在结合城市水务产业的具体案例中有过详细分析，在此不再一一赘述。

9.3.2.3 实行规制过程的资讯公开和公民参与机制

脱胎于计划经济时期的政府规制行为基本是一个以政府为中心的单向规制过程，更多地强调了被规制者应尽的义务，而较少强调

被规制者所享有的权利；更多地强调了规制机构的权利，而较少或基本没有规定规制机构应尽的义务。健全的政府规制者不仅要承担法定的职责和义务，还要能够对自己的规制行为做出解释，并证明其合法性和合理性。因此，要全面提升政府的规制能力，就必须实行政府资讯公开机制，扩大公民参与范围，充分培养和发展民间监督力量，提高政府规制的社会监督能力，加强消费者的知情权。在我国当前阶段，可以通过完善听证会制度来得以实现。听证作为一项公众参与的决策制度，是促使政府规制行为科学化和民主化的客观要求。

1. 优化听证代表结构，减少政府干预行为。对听证代表的选择，我国目前唯一有明确法律规定的是《政府价格决策听证暂行办法》。其中第八条是"听证会代表应该具有一定的广泛性、代表性，一般由经营者代表、消费者代表、政府有关部门代表以及相关的经济、技术、法律等方面的专家、学者组成"。还规定"听证会代表由政府价格主管部门聘请。政府价格主管部门应当根据听证内容，合理安排听证会代表的人数及构成。"这一法律规定过于粗糙，没有对代表的产生、数量、结构比例等的具体要求，随机性较大。实践中，听证代表一般通过两个途径产生，一是由物价部门直接聘请，如专家、学者代表、人大代表、政协委员等；二是由特定的部门、社会团体或企业推荐，物价部门遴选后聘请。可见，无论是由物价部门直接聘请还是由其他团体推荐，最后听证代表选择的决定权还是在政府手中（梁泳梅，2005）。因此，必须要合理设计代表构成，在选择过程中尽量避免政府行为，关键在于是否将最终决策权力移交给公众，真正使规制部门、公用事业企业、消费者之间形成相互制衡的约束机制和信息沟通机制，以便于充分协商达成共识。同时还要建立相关法律法规以保障听证代表的合法权利，防止政府利益部门对其权力的侵犯。

2. 在听证过程中，政府利益相关部门应当采取规避措施，避免行政权力的操纵。程序公正才能保证结果的公正。我国1998年出台的《中华人民共和国价格法》中规定：制定关系群众切身利益的公用事业价格、公益性服务价格、自然垄断经营的商品价格等政府指导价、政府定价，应当建立听证会制度，由政府价格主管部门主持，征求消费者、经营者和有关方面的意见，论证其必要性、可行性。明确了价格听证制度必须以法律的形式保证政府价格主管部门的定调价受人民群众监督。国家计委于 2001 年出台的《政府价格决策听证暂行办法》，对政府价格决策听证的科学性和透明度、听证的组织方式和听证程序作出了规范，使之上升为一种法定的程序，通过规章的形式来推进依法行政。政府官员自身要求廉洁，利益相关部门应当采取规避措施，不能偏袒任何利益集团，做出公正的决策。

3. 尽量采取开放式的决策形式，加强社会监督。决策形式分为封闭式决策和开放式决策，为了扩大透明度，便于社会监督，应尽量采取开放式决策形式。将决策过程通过各种新闻媒体进行通报、发布，建立信息公示制度，赋予群众知情权，利用新闻媒体的舆论监督规范政府行为。加强代表和公众对听证决策结果执行过程的监督，建立责任追究制，防止腐败行为的发生，减少政府规制过程中的盲目性和片面性，保证监督的严肃性。

9.3.3 设计转轨体制下政府规制行为的激励制度

寻求最佳的规制制度目的在于最大化规制制度带来的社会福利，与公共品市场结构相匹配的程度越高，规制制度越优越。对每一个市场结构来说，能够使社会福利最大化的规制结构只有一个，就是与这个市场结构相匹配的规制制度的组合，任何其他规制结构都会导致规制错位，从而产生社会福利损失（陈宏平，2003）。一项规制政策的出台和实施，是政府机构、规制机构和被规制企业三方之间的一种博弈均衡契约，需要对规制官员设计激励制度来促使其提供符合公共品市场结构的规制制度，以实现社会福利的总体最优。

政府规制是一个委托—代理问题，博弈三方均有各自不同的目标函数。我们利用委托—代理理论的基本分析框架,[①] 将传统的管制俘获数学模型进行拓展,来探讨激励机制的设计问题。现做如下假设:

规制机构官员的效用函数为 $u(w, e)$,其中 w 为收入,来源有二:一是工资收入 w_1,一是从企业得到的转移支付 w_2,w_2 的大小决定了规制制度结构的优越程度,w_2 越小,意味着规制机构的寻租空间越小,规制结构越优越,所带来的社会福利也越大。该收入结构说明规制机构官员在为政府任用的同时也被企业俘获,为企业效力,某种意义上成为企业的雇员。设企业产出 y 为官员绩效的测度,y 为官员的努力水平 e 和官员类型 θ 的函数,即 $y = y(e, \theta)$。其中 θ 取值 θH 和 θL,分别代表不易俘获和易被俘获官员的两种类型。官员的效用函数可具体表示为:$u(W, e) = v[(w_1 + w_2) - e(y, \theta)] = v(m)$。两类官员都具有相同的保留效用 $\bar{u}$。假定社会全部剩余为 S,$S = (y - w_1 - w_2)$,并以 α 比例在政府和企业之间分配,$\alpha \in (0, 1)$。政府偏好维持一个廉洁而又高效的规制机构,希望规制机构能够执行最优的规制制度,也即企业向规制机构的转移支付最小,理想中的最优契约为 (w_1, Y),Y 是政府理想中的最优产出;被规制企业理想中的最优契约是 (w_2, y),y 是企业利润最大化时的产出。规制机构的最优契约是收益不能低于自身的保留效用。

(1)对企业而言,要实现剩余分配最大化目标就要确定对每一个官员的转移支付,同时为使官员接受契约 (w_2, y),要使官员获得的效用不能低于其保留效用。

$$\text{Max}(1 - \alpha)(y - w_1 - w_2)$$

$$\text{S. t. } v\{w_2 - [e(y, \theta) - e(Y, \theta)]\} \geq \bar{u}$$

由于政府理想契约中官员产出 Y 可能偏离企业利润最大化产出 y,所以 $e(y, \theta) - e(Y, \theta)$ 表示企业对额外努力的要求。建立拉格朗日函数:

① 张维迎:《博弈论与信息经济学》,上海三联书店、上海人民出版社 1996 年版。

$$L = (1-\alpha)(y - w_1 - w_2) + \lambda\{v\{w_2 - [e(y,\theta) - e(Y,\theta)]\} - \bar{u}\}$$

分别对 y 和 w_2 求导：

$$\frac{\partial L}{\partial y} = 1 - \alpha + \lambda\,\frac{\partial v}{\partial m} \times \frac{\partial e}{\partial y} = 0$$

$$\frac{\partial L}{\partial w_2} = -1 + \alpha + \lambda\,\frac{\partial v}{\partial w_2} = 0$$

$$. v\{w_2 - [e(y,\ \theta) - e(Y,\ \theta)]\} - \bar{u} = 0$$

在信息对称的条件下，企业可以清楚地观察到规制机构官员的类型，企业向其最优转移支付为恰能补偿企业所做的额外努力，两类官员获得的转移支付恰好使其达到零效应。y^* 企业的利润最大化产出。即

$$. v\{w_2 - [e(y^*,\ \theta) - e(Y,\ \theta)]\} = 0$$

$$w_2 = e(y^*,\ \theta) - e(Y,\ \theta) \tag{1}$$

可见，企业的最优契约 (w_2, y^*) 取决于利润最大化时官员的努力程度和政府与规制官员的契约。

（2）对政府而言，在企业支付函数一定的条件下，政府的最优问题是最大化社会剩余份额所得，约束条件是在规制机构官员接受其理想契约 (w_1, Y) 时获得的效用不能低于其保留效用。

$$\text{Max } \alpha(y - w_1 - w_2)$$

$$\text{S. t. } v\{w_1 - e(Y,\ \theta) \geq \bar{u}$$

$$w_2 = [e(y^*,\ \theta) - e(Y,\ \theta)] \quad \text{其中} y = y^*$$

将（1）式代入并建立拉格朗日函数：

$$L = \alpha[y^* - w_1 - e(y^*,\ \theta) + e(Y,\ \theta)] + \lambda\{[v\{w_1 - e(Y,\ \theta)] - \bar{u}\}$$

分别对 Y 和 w_1 求导：

$$\frac{\partial L}{\partial Y} = \alpha\,\frac{\partial e}{\partial Y} - \lambda\,\frac{\partial v}{\partial m} \times \frac{\partial e}{\partial Y} = 0$$

$$\frac{\partial L}{\partial w_1} = -\alpha + \lambda\,\frac{\partial v}{\partial m} = 0$$

$$v\{w_1 - e(Y,\ \theta)] - \bar{u} = 0$$

政府为使规制机构官员接受契约 (w_1, Y)，对其最优支付 w_1 至少能够补偿给规制官员为实现产出 Y 所作出的努力，因此，

$$w_1 = v - \bar{u} + e(Y, \theta) \qquad\qquad (2)$$

其中 $\bar{u}$ 是上述两契约同时实现时规制官员的最低保留效用。

将（1）式和（2）式相加，得

$$W = w_1 + w_2 = v - \bar{u} + e(y^*, \theta)$$

政府的偏好是 w_2 最小化，所以当 $w_2 = 0$ 时，均衡结果为：

$$W = w_1 = v - \bar{u} + e(y^*, \theta)，其中 Y = y^*$$

由于在信息完全的情况下，政府可以清楚地观察到规制机构官员的类型，因此，可以分别制定针对不同官员类型的最优激励契约：

$$w_1 H = v - \bar{u} + e(y^* H, \theta H) \qquad 其中 YH = y^* H$$

$$w_1 L = v - \bar{u} + e(y^* L, \theta L) \qquad 其中 YL = y^* L$$

$y^* H$ 和 $y^* L$ 分别为在两类官员作出的不同规制制度结构下企业利润最大化时的产出。可见，规制官员必须达到契约规定的产出水平，否则将有一个足够大的惩罚。在信息完全的情况下，规制三方达到均衡，并各自实现了最优契约，政府激励规制官员作出最优的规制制度结构，并实现了理想中的产出水平；企业实现了利润最大化，并无须向规制官员行贿；规制官员得到了不低于其保留效用的报酬。

信息完全的情况只是现实生活中的特例，但是其严格的假设条件为我们设计激励制度提供了努力的方向标，结合我国转轨时期的特殊制度环境，笔者给出以下政策建议：

1. 促进测量技术的进步，努力提高政府官员规制绩效指标的可衡量性。在上文的模型分析中，我们将企业产出作为官员绩效衡量的指标。但是对公共品来说，消费上的非排他性使得对其绩效的衡量普遍存在困难。特别是关系到人们基本福利水平提高的某些公共品，如环保、治安、公民健康等，很难用具体的数字来表达。这使得规制机构对该类公共品生产企业进行规制时存在困难，政府也无法准确衡量规制官员的规制行为是否有效。如果单纯以数字 GDP 作为唯一衡量政府官员行政绩效的指标，会使官员失去扶持提供生产绩效难以衡量的公共品企业发展的动力，造成公共品供给结构的失衡，使公众福利遭到损失。随着科学技术的进步，对公共品生产企业产出测量技术会逐步提高，使政府可以更加有效地测度规制官员的绩效。例如城市道路拥挤收费，DSRC 电子收费技术、车牌识别技术、基于 GPS 和 GSM 电子收费技术的不断进步就有效地解决了这一难题。

2. 建立科学的政府官员行政绩效评估体系。由于我国政府机构改革正处于制度转轨的过渡时期，在绩效管理中存在很多问题，例如我国长期以来以地方的经济增长率和向中央上缴的税收作为政府绩效的衡量指标，并与官员的政治升迁密切相连（薄智跃，2003）。这一单一的过于重视数字经济的绩效衡量方法会造成政府官员行为的异化。要从根本上改变这一现象，我们可以借鉴国外先进经验，建立科学的绩效管理和评估体系，构建绩效型政府。绩效型政府的评估，就是根据管理的效率、能力、服务质量、公共责任和社会公众满意程度等方面的判断，对政府公共部门管理过程中投入、产出、中期成果和最终成果所反映的绩效进行评定和划分等级。① 绩效型政府的评估理念是以政府绩效为本，谋求顾客通过公共责任机制对政府公共部门的直接控制，谋求政府管理对立法机构负责和对顾客负责的统一。评估行政过程的评价指标包括公共责任的实现程度、效果、服务质量和社会公众需求的满足等。根据上述指标建立一整套完整的评估体系（评估的原则、主客体、机制、方法等），最终实现政府管理的三"E"——经济（economy）、效率（efficiency）和效益（effectiveness）目标。②

亨廷顿在《发展的目标》一文中提出了他认为发展学说中居核心地位的五项指标，即增长、公平、民主、稳定自主，并具体阐述了每项目标所包含的具体内容。对我国这样一个处于制度转轨时期的发展中国家来说，除了要将经济增长作为一项重要的绩效评估指标外，还要多元化绩效评估的维度，对每个维度进行细化，根据不同的部门给予不同的权重，并进行综合。就对公共品市场的规制而言，公平、

① 蔡立辉：《政府绩效评估的理念与方法分析》，载《中国人民大学学报》，2002 年第 5 期。

② C. Pollitt. Performanceor Compliance［M］Oxford：University Press，1999，12.

秩序、稳定、服务等指标显得格外重要，因此，要根据这些指标采取针对性的评估工具和评估方法，定性分析和定量评估相结合，对于量的指标可以采用分级法、清单考核法、量表考核法等，对于行为指标的评估，则可以适当引用工作分析法和角色分析法的原理，赋予评估的指标以强度高低适度的分数，加以评估。此外，还可以根据实际情况采用一些例如主管考核法、民意测验法、关键事件法等等。多元化政府绩效评估方法，提升整体的评估水平。

3. 运用法律手段建立责任追究制，加大对规制过失的惩戒力度。导致规制政策失效的原因不外乎主观和客观两种，客观原因往往是由政府组织的内生性缺陷、规制人员的自身业务能力以及特定的制度环境等不可控因素造成的，主观原因是规制执行者在"经济人"的自利性动机下对自由裁量权的滥用，在一定程度上是可控的。当然这两种原因很多时候是难以清楚划分的，例如我国传统的"政企合一"规制制度设计就强化了规制官员的自利动机，导致对规制责任互相推诿扯皮的非效率行为；转轨期相关法律制度的空白催生了官员的寻租空间，加大了规制者与被规制者合谋等腐败行为的可能性。因此，要减少官员因自利性动机造成的规制失灵现象，就必须要依赖制度的不断健全。虽然我国已逐步进行公务员制度的改革，但是在实际的政府工作人员任用上，还是变相的终身制，对违法违规行为的惩戒力度也比较弱，致使官员滥用自由裁量权、任意干预企业、权钱交易和以权谋私的寻租设租行为时有发生。建立责任追究制度，加大对官员因自利性主观原因造成的规制过失的惩戒力度，实质上是在政府与规制机构官员的博弈中设置了一种可置信威胁，惩戒力度越大，规制官员对政府提出的最优契约的承诺成本越高，威胁就越值得置信。因此，运用法律手段建立对规制政策失误的责任追究，可以使规制者养成民主决策、科学决策和集体决策的良好习惯，避免规制过程中主观随意性，把他们的行为调整到为公众负责的轨道上来，以有效抑制规制者与被规制者的政企合谋行为，为公众合法权益提供合理的法律保障和及时救济。

参 考 文 献

［1］［美］肯尼斯・约瑟夫・阿罗：《社会选择：个性与多准则》，首都经济贸易大学出版社 2000 年版。

［2］［美］詹姆斯・布坎南：《自由、市场和国家》，北京经济学院出版社 1998 年版。

［3］罗伊・巴尔和约翰尼斯・林：《发展中国家城市财政学》，中国财政经济出版社 1995 年版。

［4］帕特里克・敦利威：《民主、官僚制与公共选择——政治科学中的经济学阐释》，赵成根主编，中国青年出版社 2004 年版。

［5］威廉姆・A・尼斯坎南：《官僚制与公共经济学》，赵成根主编，中国青年出版社 2004 年版。

［6］米切尔・黑尧：《现代国家的政策过程》，赵成根主编，中国青年出版社 2004 年版。

［7］迈克尔・麦金尼斯主编：《多中心体制与地方公共经济》，上海三联书店、上海人民出版社 2000 年版。

［8］埃莉诺・奥斯特罗姆：《公共事物的治理之道》，上海三联书店、上海人民出版社 2000 年版。

［9］迈克尔・麦金尼斯主编：《多中心治道与发展》，上海三联书店、上海人民出版社 2000 年版。

［10］乔・B・史蒂文斯：《集体选择经济学》，上海三联出版社、上海人民出版社 2000 年版。

［11］［美］丹尼斯・缪勒：《公共选择》，王诚译，商务印书馆 1992 年版。

［12］许彬：《公共经济学导论——以公共产品为中心的一种

研究》，黑龙江人民出版社 2003 年版。

[13] 杨君昌：《公共定价理论》，上海财经大学出版社 2002
年版。

[14] 樊丽明：《中国公共品市场与自愿供给分析》，载《厦门
大学博士后研究工作报告》，2003 年。

[15] [美] 拉斐尔·拉·波尔塔、弗洛伦西奥·洛佩兹·
德·塞恩斯、安德烈·谢尔富、罗伯特·W·维西尼著：《大型组
织中的信任》，王培刚译，来源：Trust in large organizations. In
Partha, Ismail Serageldin eds. Social Capital：A Multifaceted Perspec-
tive. World Bank，2000。

[16] 王俊豪：《政府管制经济学导论》，商务印书馆 2001 年版。

[17] [英] 加雷斯·D·迈尔斯：《公共经济学》，中国人民大
学出版社 2001 年版。

[18] 伍世安：《中国收费研究》，中国财政经济出版社 1997
年版。

[19] 张卓元：《社会主义价格理论与价格改革》，中国社会科
学出版社 1987 年版。

[20] [美] H. 范里安：《微观经济学：现代观点》，上海三联
书店、上海人民出版社 1995 年版。

[21] 植草益：《微观规制经济学》（中译本），中国发展出版
社 1992 年版。

[22] 林义：《社会保险基金管理》，中国劳动社会保障出版社
2001 年版。

[23] 艾伦·汉森、戴维·普瑞斯著：《变化中的劳动力市场：
公共就业服务》，范随译，中国劳动保障出版社 2002 年版。

[24] 孙光德、董克用：《社会保障概论》，中国人民大学出版
社 2000 年版。

[25] 世界银行：《1997 年世界发展报告：变革世界中的政
府》，中国财政经济出版社 1997 年版。

[26] 李秀峰：《我国政府规制研究的现状分析与启示》，载

《中国行政管理》，2005 年第 4 期。

[27] 吴俊培、卢洪友：《公共品的"公"、"私"供给效率制度安排——一个理论假说》，载《经济评论》，2004 年第 4 期。

[28] 刘志铭：《公共物品的私人提供与合作生产：理论的扩展》，载《生产力研究》，2004 年第 3 期。

[29] 向玉琼、王显成：《公共物品的产权分析与供给模式选择》，载《甘肃行政学院学报》，2003 年第 2 期。

[30] 佘润申、朱红：《公共品特许经营的历史演进》，载《城市管理》，2004 年第 2 期。

[31] 李一花：《提高政府公共提供效率的改革思路》，载《四川财政》，2003 年第 8 期。

[32] 钟杏云：《公共物品和私人物品定义的深层思考》，载《技术经济与管理研究》，2004 年第 5 期。

[33] 于良春：《论自然垄断与自然垄断产业的政府规制》，载《中国工业经济》，2004 年第 2 期。

[34] 克洛德·梅纳尔、斯特凡·索西耶：《公用事业的合约选择与绩效：以法国的供水为例》，载《比较》，2004 年第 13 期。

[35] 李稻葵：《官僚制的改革理论》，载《比较》，2003 年第 7 期。

[36] 杨灿明、赵福军：《行政腐败的宏观经济学分析》，载《经济研究》，2004 年第 9 期。

[37] 平新乔：《中国国有资产控制方式与控制力的现状》，载《经济社会体制比较》，2003 年第 3 期。

[38] 吕恒立：《"入世"条件下我国政府经济规制的变革》，载《政治学研究》，2002 年第 7 期。

[39] 张宇燕、何帆：《由财政压力引起的制度变迁》，载《市场逻辑与制度变迁》，中国财政经济出版社 1998 年版。

[40] 张曙光：《决策权的分配与决策方式的变迁》，http: // www. unirule. org. cn/symposium/c209. htm。

[41] 赵宏斌、陈平水：《政府对义务教育的投资行为及其影

响》，载《太原师范学院学报》，2003 年第 3 期。

[42] 陈富良：《利益集团博弈与管制均衡》，载《当代财经》，2004 年第 1 期。

[43] 王万山、伍世安：《公共物品的价格形成与优化分析》，载《当代经济科学》，2003 年第 11 期。

[44] 苏素：《公用事业间接管制定价》，载《重庆大学学报》，2004 年第 5 期。

[45] 刘晓君：《城市水务设施市场融资中的若干问题的探讨》，载《环境科学的动态》，2005 年第 2 期。

[46] 杨君昌：《关于公共产品定价的若干理论问题》，载《财经论丛》，2002 年第 3 期。

[47] 王倩：《我国水务行业现状及发展趋向》，载《问题研究》，2004 年第 1 期。

[48] 罗洪明等：《城市水务市场特性与风险的初步探讨》，载《市场周刊·财经论坛》，2003 年第 8 期。

[49] 曹志来：《立体重组：中国水务产业改革途径》，载《经济研究参考》，2005 年第 50 期。

[50] 余晖、秦虹：《公私合作制在我国公用事业领域的实践——中国城市公用事业绿皮书 NO.1——公私合作制的中国试验总报告之二》，载《中国经济时报》，2005 年第 9 期。

[51] 蒋剑勇、方守湖：《水权管理的国际比较与思考》，载《水利发展研究》，2003 年第 7 期。

[52] 范晓虎：《"城市中水"在我国的应用及价格的问题》，载《中国科技信息》，2005 年第 17 期。

[53] 李蓓蓓、梁延军：《浅谈如何以项目公司的形式参与水务投资》，载《北京水利》，2005 年第 4 期。

[54] 张刚、米大鹏、余向荣：《缺水条件下北京市水市场构建与水价形成机制》，载《水利科技与经济》，2004 年第 10 期。

[55] 段治平：《借鉴美国水价管理经验，推进我国水价改革》，载《山西财经大学学报》，2003 年第 3 期。

［56］ 方惜、许引旺:《城市水务产业的价格规制改革:规制重构》,载《水利发展研究》,2005 年第 8 期。

［57］ 雷晓康:《政府直接生产公共物品的理论分析》,载《西北大学学报》,2005 年第 1 期。

［58］ 周勤:《转型时期公用产品定价中的多重委托—代理关系研究》,载《管理世界》,2004 年第 2 期。

［59］ 田虹、沈颂东、王敏:《透视公用企业的政府规制》,载《中国软科学》,2004 年第 12 期。

［60］ 梁泳梅:《听证会制度的新制度经济学分析》,载《学术论坛》,2005 年第 5 期。

［61］ 陈潭:《当前中国价格听证:基于结构和制度层面的公共政策分析》,载 http：//www. cc. org. cn/newcc/browwenzhang. php? articleid＝64。

［62］ 蔡立辉:《政府绩效评估的理念与方法分析》,载《中国人民大学学报》,2002 年第 5 期。

［63］ 马宝成:《论政府绩效评估的价值取向》,载《中国行政管理》,2001 年第 5 期。

［64］ 刘旭涛、许铭桂:《论绩效型政府及其构建思路》,载《中国行政管理》,2004 年第 3 期。

［65］ 吴妙琢、郭小燕:《对建立和完善农村养老保险制度的思考》,载《北京市计划劳动管理干部学院学报》,2003 年第 4 期。

［66］ 贾海彦:《转轨中国公共品导出机制中的政府行为分析》,载《中央财经大学学报》,2005 年第 1 期。

［67］ 贾海彦:《构建和谐社会背景下的公共就业服务制度的探索》,载《改革与战略》,2007 年第 3 期。

［68］ 房连泉:《智利社保基金投资与管理》,载《中国社会科学院研究生院博士学位论文》,2006 年。

［69］ 龙菊:《我国社会保障储备基金投资问题研究》,载《首都经济贸易大学博士学位论文》,2006 年。

［70］ Canice Prendergast. The Limits of Bureaucratic Efficiency

[J]. Journal of Political Economy, 2003, (111): 929 – 958.

[71] James Buchanan. The Theory of Public Choice AnnArbor [J]. The University of Michiganpress, 1972: 18.

[72] C. Pollitt. Performance or Compliance [M]. Oxford: University Press, 1999: 12.

[73] Cliff Landesman. The Voluntary Provision of Public Goods. http://www. nonprofits. org//parlor/acknow/landesman/vpopg. html.

[74] Espying-Andersen. The Third World of Welfare Capitalism. Polity Press, 1990.

[75] Simon, Herbert A. Administrative Behavior: A Study of Decision-Making Process in Administrative Organization. 2nd ed. New York: Free Press, 1957a.

[76] Avner Greif (1994): Culture Beliefs and the Organization of Society: A historical and Theoretical Reflection on Collectivist and Individualist Societies, Journal of Political Economy, Vol. 102, No. 5: 912 – 950.

[77] Canice Prendergast The Limits of Bureaucratic Efficiency Journal of Political Economy, Number 5 Volume 111, October 2003: pp. 929 – 958.

[78] Tanzi, V., Davoodi, H., 1997, "Corruption, Public Investment, and Growth", IMF Working Paper.

[79] Gouldner, A. W. (1957 – 8) 'Cosmopolitans and locals: towards an analysis of latent social roles', Administrative Science Quarterly, 2: P. 22.

[80] Thelen, K. and S. Steinmo (1992) 'Historical institutionalism in comparative politics', in S. Steinmo, K. Tehelen and F. Longstreth (eds), Structuring Politics: Historical institutionalism in comparative analysis, Cambridge: Cambridge University Press.

[81] Lindblom, E. and E. J. Woodhouse (1993) The Policy Making Process, Englewood Cliffs, NJ: Prentice Hall: P. 23.

[82] Dennis F. Thompson, John Stuart Mill and Representative

Government, Princeton University Press, 1976.

[83] Shleifer, A., Vishny, R. Politications and Firms. [J]. Quarterly Journal of Economics, 1994, November, 109, (4): 995 – 1025.

[84] Sören Blomquist and Vidar Christiansen, The role of prices on excludable public goods, http: //www. nek. uu. se/pdf/2001wp14. pdf.

[85] Paul A. Samuelson, The pure theory of public expenditure, *The Review of Economics and Statistics*, Volume36, Issue 4 (Nov, 1954): pp. 387 – 389.

[86] Atkinson, Anthony and Joseph Stiglitz (1980): Lectures on Public Economics. London: McGraw-Hill. (LOPE).

[87] Corporations Gantt2 AH and Dutto, G: Financial Performancein Lessdeveloped Countries, Staff Papery March of Government Owned 1968, P. 1100.

[88] Berg, Sanford V., and John Tschirhart. (1988), Natural Monopoly Regulation: Principles and Practice, New York Cambridge University press.

[89] Becker, G. S., A Theory of Competition Among Pressure Groups for Political Influence, Quarterly Journal of Economics, 98 (August) 1983: pp. 371 – 400.

[90] Tollison, R. D., Rent Seeking: A Survey, in Choice Theory, Vol. 2, eds. by K. C. Rowley, Vermont: Edward Publishing Company, 1993.

[91] Hayes, Treasa: Management, Contend Accountability in Nonprofit/Voluntary Originations, Aldershot: Ashgate Publishing Limited, 1996.

后　记

　　其实，对公共品供给中政府经济行为问题的关注，是从我读硕士研究生时就已经开始了，但当时仅限于运用所学的经济学分析工具来思考和解释政府的诸种"规范"的经济行为。从硕士毕业到考入博士的这段时间，恰逢我国政府遭遇"非典"的考验，政府在公共事业领域的诸种"不规范"的经济行为逐渐暴露出来，引起了学术界的高度关注。我认识到单纯依靠经济学的理论工具已不能解释清楚中国这样一个处于制度转轨时期的国家政府的诸种异化了的经济行为。因此，在构思本论文时，我曾经试图将政治学的分析工具引入进来，去深挖经济行为异化的政治原因。但后来证明我的这一冒险尝试是失败的。首先源于当前的理论发展还没有使政治学和经济学实现真正的交融，分析工具的匮乏使论文的进行困难重重；其次，我国现有体制等原因，使我无法深入到政府内部去获取有关政府运行机理的第一手资料。因此，我论文的初稿流产了。这使得我下决心重新回到经济学领域。在论文的重新进行中，我发现原先的想法源于我对经济学知识积累的浅薄和对政府经济行为认识的局限。在经济学领域，对政府经济行为这一"金矿"的开采并没有穷尽，而是大有可为。这促使我开始踏踏实实地运用经济学分析工具来探究政府在公共品供给中的经济行为。当然，在论文完成以后，还存在两个遗憾，一是将政府经济行为作为研究主题，虽然基本思路是希望能够梳理长期以来理论界对该主题研究的成果，将其系统化、逻辑化，从中找出适用于制度转轨时期改革路径的行为规则。但"大"题目同时也限制了对各种行为领域研究的深入。在论文的写作过程中，笔者的很多想法限于篇幅只能一笔带过。第二个遗憾是学科的限制使论文对政府行为的研究主要集中在经济学领域，如果能够进一步向政治学领域拓展，论文的解释力应该更强，也能够更好地为我国政治、经济体制的改革提供更加适合国情的政策建议。论文写作已经完成，但研究还在继续，希望在今后的科研工作中能够将上述遗憾得以弥补，也希望学界同仁能够将该课题继续引向深入。

　　回顾这几年来的耕耘和探索，我首先要感谢我的导师赵梦涵教授，是他的言传身教和悉心指导把我带入了科学的殿堂。本论文从选题到完成，从理论框架到具体语言知识的表达，大小环节，前前后后，无处不渗透着先生的心血。如果我能够在通向真理的道路上有所收获的话，都要归于先生严谨敏锐的治学作风和诚恳正直的处世原则对我树立准确的治学观念和价值观念所产生的直接而深刻的影响。在本文的写作过程中，樊丽明教授、李齐云教授、胡金焱教授以及秦凤鸣教授，都予以了我热情的指导和帮助，我所在的2003级博士班的同学，他们开阔的思维、高涨的学习动力、亲如手足的同窗之谊都对我论文的顺利完成产生了极大的帮助，在此一并表示深深的感谢。

　　在本论著即将出版之际，我还要特别感谢我的父母家人，是他们无私的爱和不计得失的奉献鼓励我完成博士学业，希望我能以所学报答他们。我的先生丁法胜完全承担了家庭的经济责任，毫无怨言，并不断给予我信心和激励，支持我全身心地投入学业。如果我能够取得一点点成就的话，我将全部奉献给他们，因为我深爱着他们。

贾海彦

2008 年 5 月